杭州电子科技大学信息工程学院资助出版
杭州电子科技大学信息工程学院科研基金项目（KYP0222015）
浙江省自然科学基金项目（LQY18G020001）

王毅达 著

跨境电商
创业成功模式研究

The Successful Model of the
Entrepreneuring Cross-border E-business

中国财经出版传媒集团
经济科学出版社
Economic Science Press

图书在版编目（CIP）数据

跨境电商创业成功模式研究／王毅达著．-- 北京：
经济科学出版社，2023.5
ISBN 978 - 7 - 5218 - 4813 - 7

Ⅰ.①跨…　Ⅱ.①王…　Ⅲ.①电子商务 - 创业 - 研究
Ⅳ.①F713.36

中国国家版本馆 CIP 数据核字（2023）第 098872 号

责任编辑：张　燕　刘　瑾
责任校对：徐　昕
责任印制：张佳裕

跨境电商创业成功模式研究

王毅达　著

经济科学出版社出版、发行　新华书店经销

社址：北京市海淀区阜成路甲 28 号　邮编：100142

总编部电话：010 - 88191217　发行部电话：010 - 88191522

网址：www. esp. com. cn

电子邮箱：esp@ esp. com. cn

天猫网店：经济科学出版社旗舰店

网址：http: //jjkxcbs. tmall. com

固安华明印业有限公司印装

710 × 1000　16 开　10.5 印张　180000 字

2023 年 6 月第 1 版　2023 年 6 月第 1 次印刷

ISBN 978 - 7 - 5218 - 4813 - 7　定价：56.00 元

（图书出现印装问题，本社负责调换。电话：010 - 88191545）

（版权所有　侵权必究　打击盗版　举报热线：010 - 88191661

QQ：2242791300　营销中心电话：010 - 88191537

电子邮箱：dbts@ esp. com. cn）

前　　言

　　随着"大众创业，万众创新"在全国范围开展，互联网创业成为常态，很多人选择跨境电商作为创业的突破口。同时，为了积极应对就业市场的激烈竞争，激励大众创业成为焦点，也成为各大高校学生工作部门重点关注的项目之一，创业学院、孵化基地不断涌现，创业人数也逐年增加。跨境电商作为一种新型的互联网交易模式，在国家持续推出利好政策的刺激下，以其低门槛、低成本、宽平台等特点深受大家的青睐，跨境电商成为大众创业实践的练兵场。

　　因此要培育大众跨境电子商务创新创业的能力，让企业家对国家有关跨境电子商务创新创业的扶持政策充分了解的同时，制定符合大众创业的跨境电子商务创新创业的政策体系，激励各个组织开展有关跨境电子商务创新创业的培训，建立课程体系和培训内容，着重培育跨境电商创业企业家的核心能力，凝练跨境电商创业成功的影响因素，比如在跨境政策、平台选择、产品选择、报关流程、物流创新、品牌策略、营销与服务等方面进行重点培养。

　　推动中国跨境电商的健康高效发展，是中国当前对外贸易转变和提高水平的一项重大策略，是我国新时期传统外贸企业交易与全球互联网接轨的一项巨大的推动力，也是中国从传统对外贸易强国向现代对外贸易强国全面转变的一条新途径。而中国跨境电商的运作方式也对中国跨境电商的经营发展有着决定性的影响。从采取的信息化模式、供应链物流模式与资本流动模式的物流配送等运作方法上的区别可知，许多不同的跨境电商公司在经营发展的过程中，所面对的机会与挑战也将有所不同。当前，中国国内的跨境电子商务企业基本上包含了自营 B2C 模式、直发/直运平台模式、国外产品代购服务平台模式、导购/返利模式、国外商品闪购模式等多种模式。

本书选择正在进行农产品跨境电商创业与经营的创业企业、跨境电商平台、跨境电商农产品用户等作为研究对象，分析了他们跨境电商创业经营的不同商业模式，包括市场分布、产品销售、卖家分布、平台选择、跨境物流以及未来发展模式、发展前景等，为跨境电商行业和企业的发展提供政策指导。

目　录

第1章

导　　论

　　跨境电子商务是如今电子商务发展的新趋势，同时也是目前学者们的研究热点。从研究内容上，对跨境电子商务的研究还局限在对跨境电子商务发展预测、现状、问题、产业类型、税收等方面，对跨境电子商务创业企业成功模式的研究比较少。从研究方法上讲，许多学者对跨境电子商务企业的研究大多运用文献综述法、案例分析法、访谈法等进行研究，对跨境电子商务创业企业进行实证研究的较少，本书所做的研究将选择跨境农产品，从实证角度验证跨境电子商务创业企业成功的运营模式，构建出跨境电商创业的成功因素模型，丰富跨境电商理论和基于"互联网＋创业"的相关理论。

　　本书首先参考了大量的文献，从相关文献来看，国内外创业学研究学者的成果多集中于互联网创业平台和影响因素的研究，针对跨境电商创业成功模式的研究相对较少，主要是理论深度不够，现有的跨境电商创业的研究成果远远没能跟上电子商务发展的脚步，互联网的创业者们很难从理论上获得必要的指导和借鉴。本书将针对这一问题，在总结国内外学者的跨境电子商务和创业学研究成果的基础上，结合中国互联网创新创业的实践，建立跨境电商创业成功模式，分析影响跨境电商创业成功的因素，总结跨境电商运营过程当中应该注意的问题和解决方法，提出政府对跨境电商发展应该提供的政策支持。

　　本书调研了正在从事农产品跨境电商的企业家和他们新创立的跨境电

商企业经营业务，分析不同的跨境电商平台，找出影响农产品跨境电商企业成功的影响因素，构建跨境电商创业成功的模式，从而帮助跨境电商创业者和他们建立的企业更好地开展跨境电商业务，抓住互联网的创业机会，取得成功。

本书的研究内容主要有以下七个方面。

第一，分析目前跨境电商创业的主要分布行业、产品类别、经营状况，以及对跨境电商的创业者现状进行描述。

第二，找出影响跨境电商发展的主要问题，分析这些问题的原因。通过问卷调查和对跨境电商企业实地访谈，探讨上面提到的这些问题存在的深层次原因，总结跨境电商企业经营兴隆或者凋敝的影响因素，并把这些因素分类。

第三，构建农产品跨境电商创业企业的绩效影响因素模型。根据实证调查的结果，进行数据分析，构建出跨境电商企业经营绩效的影响因素模型，从跨境电商的要素入手，结合创业者特质、创业动机、互联网知识、进出口知识、国际文化知识、社会关系网络、业务流程、国际在线支付、关税、物流设施、企业战略、各个国家的互联网基础设施、组织环境等多个角度进行探讨，形成跨境电商成功的商业模式。

第四，跨境电商的物流模式研究，分析目前在大型跨境电商平台如亚马逊等从事跨境电商的企业和个人所采取的物流配送模式，以及提供跨境物流服务的企业业务模式，对跨境电商企业跨境物流业务模式进行构建，对跨境电商创业起到一定的借鉴作用。

第五，跨境电商的税收与报关模式研究，政府颁布了很多与跨境电商出口有关的税收优惠政策，使以往因为缺乏外贸报关单等资料而无缘出口退税的电商企业此后都能一定程度上享受到出口退税的优惠，为了促进跨境电商的发展，应该让更多的跨境电商创业企业享受到税收优惠以及更加高效率地报关、通关。

第六，跨境电商的支付与结算模式研究，跨境电商支付环节众多，涉及国税（纳税退税）、外管局（支付结汇）、商务委或外经贸委（企业备案、数据统计）等政府职能部门及银行结汇等，结合第三方支付平台，探讨这些支付环节，找出合理的流程，提高国际支付的效率和信誉。

第七，总结跨境电商的政策建议，为跨境电子商务创业企业提供一定的帮助，让创业者能够了解跨境电商企业绩效影响因素，根据实际情况，适时调整策略，使创业者获得更大的收益，同时为政府等相关部门制定政策提供支持。

本书以管理学、电子商务、跨境电商等理论为基础，结合跨境电商实践，采用定性分析与定量分析相结合的方法，理论联系实际，完成了本书的研究。本书采用的研究方法主要有：（1）抽样调查。本书对从事跨境电商的企业进行了抽样调查，样本总体为所有在跨境电商平台开店的经营者，包括代购平台和从事海淘的商家。抽样的具体方法拟采用随机抽样和方便抽样相结合的方法，同时也可考虑滚雪球式抽样方法，即在调研过程中选择跨境电商企业中比较内行或者信息灵通的创业者，再通过他介绍其他有代表性的跨境电商企业，进行抽样调查。（2）访谈。本书采取半结构式的访谈及观察等方式收集资料，访谈时事先已拟好访谈大纲，在访谈开始都会先与受访者聊一些跨境电商开店的轻松话题，然后才开始进行正式访谈，访谈时也不会照搬访谈大纲的顺序，为了收集受访者真实无误的资料，通常会在聊得很愉快时才会询问受访者这些大纲问题。（3）统计分析。本书通过广泛发放问卷，综合运用因子分析、多元线性回归、独立样本检验、方差分析、结构方程等数理统计方法展开普遍意义上的定量分析，验证理论假设。

本书的创新之处在于：首先，分析跨境电商创业的关键成功因素集合，通过文献阅读、问卷调查和深度访谈互联网创业者，探究开展跨境电商的动机需求、互联网跨境电商创业者对网络商店的认知程度、业务流程改变的程度、对互联网相关技术的接受程度和应用状况，以及互联网经营策略等相关议题，并通过文献探讨整理，建构出"互联网跨境电商创业的关键成功因素集合"。其次，探讨跨境电商创业企业的定位问题，目前很多跨境电商企业主要做海淘、代购，顾客需要什么就代购什么，产品和发展空间受到限制。思考跨境电商企业如何扩大资源，发展更多的忠诚客户群，结合多行业进行横向和纵向的比较分析，从而能够创建理想的跨境电商平台和企业，让顾客能安全、方便、迅速地购买到心仪的商品。最后，从消费者行为模式出发探讨跨境电商的发展模式。运用管理学中有关消费者行为的理论，加入互联网和跨境电商新的环境因素和行为特征，深入分析消费者跨境购买的真正诱因，把关键性因素纳入商务模型之中，验证跨境电商经营模式的有效性和绩效。

　　本书首先进行了相关文献的整理，形成初步的调查思路。接着到企业做调研、访谈，形成初步问卷与访谈提纲，并形成最终调查问卷与访谈大纲。然后对初始调查问卷和访谈大纲进行修改，形成修改后的调查问卷和访谈大纲。对修改后的调查问卷进行预测试，进行小范围调查，同时针对访谈大纲的题目进行访谈，以验证调查问卷中影响因素的设置和问卷表述的合理性。接下来整理了跨境电商创业的现状与运营模式，对存在的问题进行分析。根据问卷预测试的结果和发现的问题，对问卷内容进行修订，得到问卷的最终版本，将问卷进行了大规模的发放与回收。通过对大量调查问卷的分析和整理，完成了研究报告"跨境电商创业成功模式研究"，作为进一步研究的理论基础。未来的进一步研究将关注跨境电商如何做大做强，对传统外贸模式带来的颠覆性改变，重点研究跨境电商商业模式创新，以及模式突破机理和创新的路径。

| 第 2 章 |

跨境电商创业概论

2.1 研究文献概述

近年来，随着我国跨境电商迅速发展，相应的学术研究也越来越多。孟祥铭、王俊杰（2018）以自贸区为切入点，对跨境电商自贸区的研究现状进行综述并分析了其中存在的问题。费楚涵等（2019）对关于我国跨境电商发展的现状、存在的问题以及建议三个方面的文献进行了归纳。曾庆菊（2019）提出，跨境电商物流的研究非常重要，研究的热点包含模式研究、模式的选择研究、模式创新研究、电商与物流的协同研究，以及问题和对策研究五个方面。

很多学者对跨境电商人才培养做了研究，胡雷芳（2017）从跨境电商人才、创新创业人才和高校人才培养体系三个方面对现有研究文献进行了评述；来有为等（2014）认为，国家应该在通关服务、市场监管体系以及结汇方式等方面进行优化和改进，应通过加大政策创新力度、优化跨境电商服务支撑体系，促进跨境电商发展。还有学者强调要基于国外经验建立数据库，提供资金服务，建立政策服务平台以及国际性大物流平台；在跨境电商供应链方面，应该基于产业集群视角实现跨境电商与物流产业链融合发展，同时利用区块链技术构建跨境电商产品质量追溯体系。还有学者基于多视角研究跨境电商与跨境物流的协同，包括基于第四方物流

(4PL)、海外仓、共享物流理念、多元化运营模式及演化博弈等深度研究跨境电商物流产业链和物流联盟，就跨境物流联盟的构建形态、结构、运作机理、价值创造、利益分配及稳定性、运作风险等一系列理论与实际问题展开丰富的研究。

在跨境电商政策方面，廖蓁、王明宇（2014）在《跨境电商现状分析及趋势探讨》中提出，随着跨境电商政策的完善和新型电商出口海关监管模式及信用体系的建立，跨境电商模式将不再仅仅是传统的提供信息服务，而是转变为提供交易、营销、支付、物流等综合服务。通过政府部门大力推动和企业的有效合作，一条相对完整的从营销支付到物流服务的产业链逐渐形成，这为跨境电商的发展奠定了基础，同时也对整个国民经济的持续稳定发展有着重要作用。

还有一部分学者聚焦于跨境电商的供应链创新，何继新（2018）认为，跨境电商供应链经营需要创新，创新的主要特征包括面向境外消费者塑造品牌、基于跨境电商平台的柔性供应链、综合一体化服务系统构架、共享集聚的伙伴界面等；此外，跨境电子商务供应链经营创新发生的前提和条件包括优秀的平台技术、提高供应链管理水平、不同行业间进入壁垒的消除等。冀芳、张夏恒（2022）分析了跨境电子商务物流模式创新与发展趋势，此外指出跨境电子商务发展迅速但缺乏跨境物流发展的支持。许应楠（2019）研究了我国跨境电子商务发展现状、企业的经营情况以及目前的政策创新，发现近年来我国跨境电子商务创新发展的促进因素主要包括在业务流程上的不断升级、跨境电商的平台建设以及政府监管模式的改革等方面，并且提出了针对跨境电商发展的政策导向，即建设优秀的跨境电商公共服务平台、跨境电商研发人才培养体系的优化、提升跨境电商企业的规范管理水平、跨境电商的产业集聚建设等。赵志田、杨坚生（2017）基于产业创新系统理论，分析了由环境、网络和知识技术等创新系统协同推动、相互作用的原则，从而构建了跨境电商发展综合的产业创新系统模型，通过以上分析，提出了我国跨境电商创新发展的建议。张娜娜、谢伟（2019）从新制度主义理论视角探讨了跨境电商创新的合法化机制，即通过构建协同技术、制度、商务模式创新的合法化标准，利用内部微创新战略与外部的生态圈整合创新战略，从内部和外部两方面共同推动企业的合法化进程。

2.2　跨境电商创业存在的主要问题

从调研数据来看，目前跨境电商创业者首选跨境电商的平台进行创业，可以分为进口和出口两大平台类型，进口平台主要包括网易考拉、天猫国际等。出口跨境电商平台主要包括全球速卖通、敦煌网、亚马逊、Ebay、Wish 等。其他还有一些自营平台，比如兰亭集势和环球易购等。

研究发现，目前跨境电商创业主要存在以下问题。

2.2.1　市场定位不清晰

跨境电商平台上的绝大部分卖家都是小微商户，初创者进入平台后，启动资金和运营经验不足，对行业分析不透彻，很难有明确的目标客户和定位战略，在选择商品时容易盲目跟风，复制抄袭其他店铺的产品，从而很难满足消费者的个性化需求。跨境电商平台上欧美消费者占比很高，不做深入研究，就很难了解他们的文化背景和消费偏好，很多初涉跨境电商者仿品率超过 0.5%，不能吸引消费者反而带来投诉，甚至会引发被平台关店的后果。

2.2.2　不能充分利用现有的跨境电商平台

受传统薄利多销的营销模式影响，很多跨境电商创业者在运营跨境电商店铺时会采取压低商品价格来吸引流量，结果往往事与愿违，同一款商品很多价格低的反而卖不过价格高的。还有些创业者采取刷单造假来提高业绩，最终也未收到预期效果，这是因为很多跨境电商平台，特别是国外的跨境电商平台较其他平台而言，采用的是"瀑布流"方式的产品展示，将用户、商品全部"标签化",根据消费者和商品的"标签"来进行智能匹配,价格并非主要的参考因素,虚假的购买记录还可能导致商家诚信度降低。

2.2.3　客户服务存在问题

跨境电商平台客服承接了绝大部分的纠纷处理工作,买卖双方并不直接沟通,这对需要平衡创业和投入的企业家而言有一定的益处,但是因为缺乏直接互动,导致买家对产品的体验和反馈都无法传递给卖家,使得卖家缺少改善产品的有效信息,而且平台的纠纷处理机制更有利于买家,买家提出的退款申请一般都会得到满足。

2.2.4　报关流程不够熟悉

不少创业者对中国的海关制度不太熟悉,运用各种通关模式进行报关时也存在诸多问题。在进行跨境电商通关程序时,应该跟海关等政府部门加强合作,适应无纸化报关,提升跨境电商综合平台服务水平。

2.2.5　跨境物流系统不能无缝链接

物流成本也是产品定价的重要考虑因素,很多跨境电商初创者,为了控制成本,会选择相对比较低廉的物流渠道,但可能带来时间过长、产品丢失等不确定因素,影响买家的满意度。

2.3　提出建议

根据调查分析结果结合理论研究,对跨境电商创业提出如下建议。

2.3.1　充分了解跨境电商的各项政策

跨境电商创业者应及时做好全方位的政策解析，特别是海关的各项政策，如检疫检验政策，以及各种税收政策，在知晓规则的前提下灵活经营店铺，才能更加游刃有余，最大限度降低违规所导致的风险。

2.3.2　加强与海关等部门的合作

跨境电商创业的企业家在进行跨境电商通关程序时，应该与海关等政府部门加强合作，提升跨境电商综合平台服务水平。通过完善现行邮递商品和快件的操作和管理体系，重点提高互联网大数据的获取和分析能力，加强跨境电子商务的通关效率。

2.3.3　平台选择非常重要

按照进出口情况，可将平台类型分为亚马逊、eBay、Wish、全球速卖通以及敦煌网等出口跨境电商平台，以及天猫国际、苏宁海外购、京东全球购、唯品会全球特卖和蜜芽等进口跨境电商平台。平台运营模式包括平台类模式、综合服务商模式、自建电商平台模式以及跨境电商代运营服务商模式。平台选择应衡量平台成本，结合企业实际情况，根据企业战略做出合理的选择。跨境电商创业者要从店铺运营、选品、引流以及推广等方面展开平台运营的研究，创建有竞争力的商业模式。

同时，要充分利用平台提供的各种服务，很多平台利用积累的消费者行为大数据，通过收集他们的浏览轨迹，分析他们的兴趣爱好，实现精准推送，既节约了用户的购物时间，又使产品曝光更有效、销量转化率更高。这种精准营销模式，与用户保持一种无形的互动，从而极大地增加了用户黏性。有利于中小跨境出口电商打造爆款单品，也更适合于货源相对较为匮乏的大众创业群体。

2.3.4　产品选择非常重要

"选品"是开启创业之路的第一步，为了提升竞争力，就必须拥有个性化的商品。创业者首先要对市场和消费群体进行详细调研，跨境电商平台的主要市场在欧美国家，主要的消费群体是 18～35 岁的年轻人，所以要了解当地文化习俗、节日庆典、时尚趋势、卖座影片等，结合年轻人追求新奇的消费心理，就可能会为创业者带来灵感，开发出差异化的商品，可以尝试将一些商品搭配成套件组合销售，增加附加值，提高利润空间。

2.3.5　要面向多语种市场

选择商品是开启创业之路的第一步，为了提升竞争力，跨境电商创业者首先要对市场和消费群体进行详细调研。跨境电商平台通常在多语种市场进行布局和竞争，要学会在多语种地区提供本地化服务，同时了解当地文化习俗、节日庆典、时尚趋势等，开发出适合本地的差异化商品，增加附加值，提高利润空间。

2.3.6　合理利用物流系统

物流服务的表现在跨境电子商务中占据重要地位，一方面它直接影响客户体验，另一方面也是平台考核商户的重要指标，影响到流量的分配。为了提升物流服务效率，创业者应合理选择销售地区，充分了解当地的物流状况，选择性价比较高的物流渠道，避免因配送时间过长、产品破损等情况导致商品被退款。当下，海外仓已经成为跨境电商的标配和趋势，无品类限制，时效快，创业者开发海外仓，不仅可以得到平台的线上流量倾斜，还可以提高线下商品的投递安全性和速度。

2.3.7　树立品牌意识

在所有跨境电商平台上运营的商家都要有品牌意识，品牌是大势所趋，所以跨境电商创业者更应树立品牌意识。一方面，尝试开发小而精的商品并打造自有品牌，用自己的品牌优势增加商品辨识度，更容易打造爆品；另一方面，还要杜绝赝品或仿品，避免销售商品的图像、文本侵犯其他方的知识产权。

2.3.8　营销模式要多样化

商品推广关系到商品的排名、流量和销量，跨境电商创业者起步阶段可以借助平台的免费推广，测试流量，判断商品潜力；随后，尝试运用平台竞价规则，加大商品推广资金投入，增加商品的曝光率，在此过程中密切关注流量变化，适时地不断优化商品标签和首图，保证商品的竞争力和新鲜感。

同时要有正确的营销策略和营销模式，要随时关注商品的排名、流量和销量，大学生创业者起步阶段可以借助平台的免费推广，接下来就应该制定合理的营销策略，加大商品促销的资金投入，扩大商品的传播区域。

2.3.9　注重移动端应用和开发

当前，随着智能终端的普及，利用碎片时间进行移动端消费已经成为一种潮流。很多跨境电商平台都有应用于移动购物的跨境 B2C 平台，移动应用淡化了传统购物网站的店铺功能，能以千人千面的方式为每个用户量身定制个性化的浏览页面，而且布局简洁明了、内容一目了然，更加符合当下"随时随地随身"的消费趋势，刺激消费者的购物欲望，提升用户的购物体验。同时，卖家也无需花费大量的时间和金钱在店铺的装修和设计上，可以将更多的精力投入商品经营中。

2.3.10　各机构要着重培养跨境电商人才

对于各个机构比如高校跨境电商人才的培养，要充分结合互联网背景和院校、专业、区域特征探索人才培养模式的构建；要基于地区、新形势、互联网和跨境电商背景分析跨境电商的人才需求和培养策略；对商务英语、国际贸易、物流等传统课程进行教育改革，探讨跨境电商课程体系的建设。

各个机构可以结合自己的具体情况，分别进行综合性跨境电商人才培养，基于学科或地区发展的跨境电商人才培养，以及根据不同层次院校的具体实践构建跨境电商人才培养模式。

2.4　总　　结

大众从事跨境电商创业，要注重跨境电商中的各大平台和交易网站，并从政策、平台、产品、报关、物流、品牌、营销七个方面建立跨境电商的整体模式，同时融入外围生态圈，未来跨境电商的发展中运营是核心，建立品牌是跨境电商发展的长期策略。在创新的时代，大学生跨境电子商务创业必将引领中国的国际贸易迈入一个崭新的纪元。

第3章
跨境电商的商业模式及成功要素实证研究

调研背景概述如下。近年来，由于受到新冠疫情的影响，国际消费需求加速转到线上，数字化正重构着国际贸易的运作模式。除老牌电子商务平台如京东、阿里巴巴、亚马逊、eBay 外，希音（SHEIN）、Souq、虾皮（Shopee）等新兴电商平台也逐渐崭露头角，线上消费的群体也从以前的欧美、东亚等地区逐渐向中东、东南亚、非洲开始辐射。

受新冠疫情影响，大量线下消费行为遭到有效遏制，给线上消费提供了全球性的发展机会。与此同时，由于我国政府的扶持，也推动了中国跨境电子商务的迅速发展。从中国互联网中心的统计数据来看，2020 年我国跨境电子商务市场规模达到 12.5 万亿元，与 2019 年的 10.5 万亿元相比上升了 19.04%。2022 年上半年我国跨境电子商务市场规模为 6.05 万亿元，并预测 2022 年市场规模将达到 14.6 万亿元。

从跨境电商的对外进出口构造来看，目前国内跨境电商产出占比逐渐上升，而通过海关总署的统计资料可以看出，2020 年跨境电商产出在总体出口规模中的占比已经超过了 27%，并且 B2C 规模占比也在逐年增加。目前我国的 B2C 跨境电商贸易份额已经占到世界的 26%，我国已经成为世界跨国电子商务贸易的重点市场。

本章着重以从事农产品贸易的跨境电商公司为主，总结了跨境电商发展中所存在的各种问题，并根据客观现实以及问卷调查，给出较具体的解决办法。通过实践总结和意见建议，不仅对这些公司提出一些措施建议，也对中国跨境电商的发展和壮大提出了比较清醒的思维指向和支持。

3.1 调研综述及预调研分析

3.1.1 调查对象以及范围

本书调查对象为跨境电商企业，依托位于杭州市的跨境电商综合试验区，以及宁波和温州的跨境电商平台，选择跨境电商企业作为样本进行调研。随着生活水平的提高，消费者对跨境商品的兴趣与日俱增，跨境电商企业也随着市场的扩大不断发展，不断加大跨境产品范围，跨境商品的种类呈现井喷式发展，下沙园区跨境进出口商品品种从 100 种逐步增长到了8 万多种。本书调查针对这些企业设计了问卷，同时调研对象也包括了公司内部的员工。

3.1.2 调查方法介绍

本书调查主要采用访谈调查法和问卷调查法，以问卷调查法收集的数据为调查结果的主要依据，同时通过访谈调查法针对某些个人进行详细的访谈，进一步了解认知情况。

3.1.3 预调查结果分析

本书预调查针对特定群体（公司内部）发放问卷共计 50 份，回收 40份，其中有效问卷 37 份，由于问卷发放完全随机，因此具有随机性和科学性，有助于改善问卷。

关于跨境电商公司运营模式影响因素的问卷有两个部分，分别为基本信息和量表打分题。总计 41 个题项，包括基本信息 5 个题项和量表部分36 个题项。

3.1.4　预调查问卷信度分析

对预调查的数据进行初步处理后，该样本分析阶段主要采用克隆巴赫系数以及校正的项总计相关性来衡量问卷各个指标的信度情况。对于克隆巴赫系数，大于 0.5 表明可以接受，大于 0.7 表明信度良好，校正的项总计相关性系数一般认为大于 0.3 即可接受，一般情况下应该要大于 0.5。由表 3 - 1 可知，各个变量的克隆巴赫系数均大于 0.8，且校正的项总计相关性系数基本上大于 0.5，因此本调查的各变量及其度量维度的信度系数都在合理范围内，表明问卷内部具有较高的一致性和稳定性，可以进行下一步的分析。

表 3 - 1　　　　　　　　　　信度分析结果

变量	删除项后的标度平均值	删除项后的标度方差	修正后的项与总计相关性	删除项后的克隆巴赫 Alpha
经济政策形势	121.78	212.046	0.531	0.812
跨境物流交易	121.80	214.247	0.499	0.813
供应链供货问题	121.74	214.996	0.465	0.814
公司管理制度	121.70	214.266	0.467	0.814
人力资源	121.82	215.237	0.411	0.816
境外营销	121.80	218.766	0.324	0.818
国际政治形势	121.76	216.668	0.363	0.817
宏观经济形势	123.14	242.476	-0.387	0.839
政府政策	121.89	213.28	0.492	0.813
法律法规的完善性	121.84	212.668	0.509	0.813
员工的相关法律知识	121.88	209.943	0.561	0.810
海关因素	121.79	215.694	0.401	0.816
仓储包装因素	121.83	213.755	0.428	0.815
物流模式选择	123.02	242.645	-0.382	0.839

变量	删除项后的标度平均值	删除项后的标度方差	修正后的项与总计相关性	删除项后的克隆巴赫 Alpha
平台运营稳定性	121.78	217.037	0.359	0.817
网络系统安全	121.78	212.046	0.531	0.812
供应商合作稳定性	121.80	214.247	0.499	0.813
供应商供货质量把控	121.74	214.996	0.465	0.814
工厂产品研发质量	121.70	214.266	0.467	0.814
自产货物供货稳定性	121.82	215.237	0.411	0.816
企业战略	121.80	218.766	0.324	0.818
交易订单实际操作	121.76	216.668	0.363	0.817
公司资金管理和核算	123.14	242.476	−0.387	0.839
客户关系稳定性	121.89	213.28	0.492	0.813
公司组织框架完善性	121.84	212.668	0.509	0.813
员工业务能力	121.88	209.943	0.561	0.81
领导团队的管理水平	121.79	215.694	0.401	0.816
公司员工流动率	121.83	213.755	0.428	0.815
研发团队人员管理	123.02	242.645	−0.382	0.839
市场认同度	121.78	217.037	0.359	0.817
境外仓储费用	121.85	217.911	0.345	0.818
网络营销风险	121.93	214.054	0.411	0.815
境外营销计划	121.88	218.064	0.336	0.818
销售增长率提高	121.84	228.985	0.005	0.828
市场份额增加	121.81	226.985	0.065	0.826
市场响应能力增加	121.75	229.72	−0.017	0.829

3.1.5　预调查问卷效度分析

KMO 统计量取值一般在 0 ~ 1。当所有变量间的简单相关系数平方和远远大于偏相关系数平方和时，KMO 值越接近 1。KMO 值越接近 1，意味着变量间的相关性越强，原有变量越适合做因子分析；当所有变量间的简单平方和接近 0 时，KMO 值接近 0。KMO 值越接近 0，意味着变量间的相关性越弱，原有变量越不适合做因子分析。因子分析前，首先对原始数据进行 KMO 检验和巴特利特球形度检验。常用的 KMO 度量标准为：KMO 大于 0.5 意味着因子分析可以进行，在 0.7 以上则令人满意。巴特利特球形度检验统计量的显著性 p 值 < 0.05，问卷才有结构效度，才能进行因子分析。

由表 3 - 2 可知，变量的 KMO 值为 0.889，大于 0.5，且显著性水平为 0，小于 0.5，这表明该量表可以进行因子分析，问卷有效。

表 3 - 2 　　　　　　　　　　KMO 和巴特利特球形度检验结果

KMO 取样适切性量数		0.889
巴特利特球形度检验	近似卡方	152.291
	自由度	16
	显著性	0

3.1.6　预调查的问题和改善

在预调查中我们发现，对于一些具体问题的描述还不是很全面，并且有些词汇过于专业，以及某些问题间的联系不明确，因此我们对问题进行了适当的修改。

3.1.7　正式问卷回收

本书调研共计发放问卷 300 份，回收 300 份，回收率为 100%，剔除无效问卷后，有效问卷为 258 份，有效率为 86%。

3.1.8　数据预处理

本书正式调查问卷与预调查问卷类似，分为两个部分，分别为基本信息和量表调查，由于源问卷导入或录入数据分析软件的数据存在异常，且不能用于直接分析，我们在数据录入的过程中对于变量名、测量尺度以及值等均有所改变，使其利于分析和结果呈现的明确性。

3.1.9 误差控制

3.1.9.1 计划误差

调查计划误差分为三个部分：一是出现前期未预料到的调查中会出现的问题和风险，未采取相应方面的防范措施；二是制订的调查计划、调查成员不合格导致计量质量降低；三是调查组织者没有制定或明确人员的操作规则，缺乏调查组成员间的交流，最终导致调查误差。

我们在阅读相关文献的基础上，合理设置调查计划以及问卷，确保设计的合理性；对于团队成员，结合个人的优势分配任务，在调查中随机应变，得到有效合理性，以此来减小误差。

3.1.9.2 抽样误差

在抽样方法选取上，未选择合适的方法或抽样标准制定不完善，会导致某些总体单位被抽中的可能性过高，而某些总体单位却没有机会进入样本，从而产生偏差；在样本容量方面，总的样本容量可能已满足总体估计量的精确度要求，但是对那些重要的子总体的估计量的精确度却不符合标准；在访问调查中，数据收集工作提供给访问员的信息不够准确，布置任务时提供的信息不足，或者任务分配表上出现抄录错误等问题，都会导致访谈数据差异。

因此我们采用阶段抽样的方法，使其具有代表性，并尽可能多地获取样本，保证剔除一些无效样本后仍然有足够的数据；在问卷填写过程中，给予被调查者全面的信息，并及时发现无效问卷或重填；在访谈中，拉近与受访者的距离，减少受访者的疑虑，让其愿意接受访谈；在分配任务上，小组成员合理安排，减小出现错误的风险。

3.1.9.3　问卷设计误差

对于问卷，题项的位置设置不当，被调查者可能无法真正理解某一问题的特别意图；某些问题的用词也可能会诱导受访者；问卷题量过大，可能会使被调查者失去兴趣，致使调查不能圆满完成。还有，忽略了调查表和调查步骤的小规模试验，虽然调查表和调查步骤看上去都比较可行，但可能达不到预期效果。

因此，在正式问卷发放前，我们进行了预调查，对于一些题项和问题及时修正，合理设置题项数量，并进行初步分析。

3.1.9.4　数据处理误差

在数据处理过程中，可能会面临处理系统故障、质量控制不适当、技术人员失误等风险；为便于分析，某些用于确定总体子群项目的编程分类可能只代表总体很小的一部分，程序文件可能不包括满意地完成一组分析所需的所有变量；并且，程序文件的代码错误或计算机出现故障可能会再次造成数据的丢失或出现错误。

对于人为不能控制的误差，我们尽可能实现多次的数据分析，比对前后结果，减少因数据分析软件本身错误带来的误差。

3.2　跨境电商运营影响因素——基于描述性分析

3.2.1　一级指标的影响程度

由表 3 - 3 可以看出，在对受访者进行调查时，对于一级指标的评价，受访者的打分均值在 3.6 ~ 3.7 徘徊，且偏向 4，说明大多数受访者认为，所设的五个一级指标对于公司运营情况的影响都差不多，并且打分都高于平均值，这表明受访者认为这六个一级指标在公司当前的情况下，实际情况并不是太好。

表3-3   一级指标打分情况

描述统计						
指标	N	最小值	最大值	均值	标准偏差	方差
经济政策形势	258	1	5	3.65	1.113	1.24
跨境物流交易	258	1	5	3.64	1.04	1.081
供应链供货问题	258	1	5	3.7	1.056	1.114
公司管理制度	258	1	5	3.74	1.098	1.207
人力资源	258	1	5	3.61	1.156	1.336
境外营销	258	1	5	3.63	1.098	1.206

3.2.2 经济政策形势指标下的影响程度

由表3-4可以看出，受访者认为大部分指标都处于一个比较差的情况，只有宏观经济形势的评价打分为2.30，这说明当前宏观经济形势较好，并且对公司的运营情况产生了一定的影响。

表3-4   指标一下的评价情况

描述统计						
项目	N	最小值	最大值	均值	标准偏差	方差
国际政治形势	258	1	5	3.68	1.167	1.363
宏观经济形势	258	1	5	2.30	1.091	1.191
政府政策	258	1	5	3.54	1.112	1.237
法律法规的完善性	258	1	5	3.59	1.117	1.247
员工的相关法律知识	258	1	5	3.55	1.180	1.392

3.2.3 跨境物流交易指标下的影响程度

由表3-5可知，对于跨境物流交易方面，受访者也认为，大部分因素都对公司当前的运营有一定的消极影响，但是在物流模式选择方面，却有很大帮助，公司当前的物流模式选择情况比较合理，对公司的运营有正面的积极影响。

表 3 - 5　　　　　　　　　　　指标二下的评价情况

描述统计						
项目	N	最小值	最大值	均值	标准偏差	方差
海关因素	258	1	5	3. 65	1. 145	1. 311
仓储包装因素	258	1	5	3. 61	1. 218	1. 484
物流模式选择	258	1	5	2. 41	1. 127	1. 270
平台运营稳定性	258	1	5	3. 66	1. 147	1. 316
网络系统安全	258	1	5	3. 65	1. 113	1. 240

3.2.4　供应链供货问题指标下的影响程度

由表 3 - 6 可知，对于供应链供货问题，受访者认为，这些指标对于公司当前的运营有一定的消极影响，打分都高于平均值。

表 3 - 6　　　　　　　　　　　指标三下的评价情况

描述统计						
项目	N	最小值	最大值	均值	标准偏差	方差
供应商合作稳定性	258	1	5	3. 64	1. 040	1. 081
供应商供货质量把控	258	1	5	3. 70	1. 056	1. 114
工厂产品研发质量	258	1	5	3. 74	1. 098	1. 207
自产货物供货稳定性	258	1	5	3. 61	1. 156	1. 336

3.2.5　公司管理制度指标下的影响程度

由表 3 - 7 可知，受访者认为，公司在资金管理和核算方面有一定的优势，情况较好，而其他四个指标打分均高于平均值，情况不容乐观。

表 3-7   **指标四下的评价情况**

描述统计						
项目	N	最小值	最大值	均值	标准偏差	方差
企业战略	258	1	5	3.63	1.098	1.206
交易订单实际操作	258	1	5	3.68	1.167	1.363
公司资金管理和核算	258	1	5	2.3	1.091	1.191
客户关系稳定性	258	1	5	3.54	1.112	1.237
公司组织框架完善性	258	1	5	3.59	1.117	1.247

3.2.6 人力资源以及境外营销指标下的营销程度

由表 3-8 和表 3-9 可知，受访者认为，公司在研发团队人员管理方面做得比较好，而其他方面包括管理水平等仍然存在一定的问题，并且境外营销做得也不是很好。

表 3-8   **指标五下的评价情况**

描述统计						
项目	N	最小值	最大值	均值	标准偏差	方差
员工业务能力	258	1	5	3.55	1.18	1.392
领导团队的管理水平	258	1	5	3.65	1.145	1.311
公司员工流动率	258	1	5	3.61	1.218	1.484
研发团队人员管理	258	1	5	2.41	1.127	1.270

表 3-9   **指标六下的评价情况**

描述统计						
项目	N	最小值	最大值	均值	标准偏差	方差
市场认同度	258	1	5	3.66	1.147	1.316
境外仓储费用	258	1	5	3.59	1.113	1.240
网络营销风险	258	1	5	3.50	1.239	1.535
境外营销计划	258	1	5	3.55	1.126	1.268

3.2.7 小结

通过以上描述性分析，我们发现，跨境电商公司存在的问题还是比较多的，很多一级指标下的具体指标的反馈都不是太好，只有少数指标受访者认为做得比较好，公司应当予以重视，加以改进。

3.3 受访者群体结构合理性——基于方差分析

3.3.1 性别和年龄对职务的单因素方差分析

为了检验受访者群体是否合理，我们对受访者的基本信息进行了单因素方差分析，结果如表 3-10 所示。

表 3-10　　　　　　　　性别、年龄对职务的单因素分析

项目		平方和	自由度	均方	F	显著性
年龄	组间	119.66	5	23.932	28.891	0
	组内	208.743	252	0.828		
	总计	328.403	257			
性别	组间	2.125	5	0.425	1.718	0.131
	组内	62.359	252	0.247		
	总计	64.484	257			

由表 3-10 可知，在对年龄和性别对职务进行单因素分析后我们发现，年龄对职务的 P 值为 0，小于 0.05，则拒绝原假设，即认为不同年龄对职务存在显著影响；而性别对于职务的 P 值为 0.131，大于 0.05，即接受原假设，则不同性别对于职务没有显著影响。

3.3.2 工作内容和工作年限对职务的单因素方差分析

由表 3-11 可知，在对工作内容和工作年限对职务进行单因素方差分

析后可以发现，两者的 P 值均为 0，即都拒绝原假设，则两者对于职务都有显著差异。

表 3 – 11   单因素方差分析

项目		平方和	自由度	均方	F	显著性
工作内容	组间	207.785	5	41.557	14.699	0
	组内	712.467	252	2.827		
	总计	920.252	257			
工作年限	组间	201.614	5	40.323	38.103	0
	组内	266.684	252	1.058		
	总计	468.298	257			

3.3.3 小结

在对以上不同的因素进行单因素方差分析后我们可以发现，不同年龄、不同工作内容、不同工作年限对职务均有显著差异，而性别对于职务没有显著情况。这显然与现实情况相符合，这表明我们受访者的结构较为合理，问卷数据较有说服力。

3.4 一级指标下前三个指标对综合增长的影响 ——基于 Amos 建模

结构方程模型是一种建立、估计和检验因果关系模型的方法，在社会科学以及经济、市场、管理等研究领域，有时需处理多个原因、多个结果的关系，或者会碰到不可直接观测的变量（即潜变量），这时，结构方程模型就能起到很好的作用。

在本书研究中，我们在进行模型的拟合时采用了路径系数，路径系数主要是用来说明各变量之间的影响大小以及是否存在差异性。一般来说，路径系数有标准化和非标准化之分，通常情况下，我们采用标准化的路径系数来计算影响效应系数，通过路径系数可以计算出变量间的间接效应、直接效应与总效应。同时我们参考了适配度指标来判断拟合结果。适配度指标又称为拟合度，体现研究者在构建模型时与实际数据之间的匹配度，匹配度越好，说明拟合程度越好，数据越合适。

3.4.1 模型构建

通过分析，我们得到如图 3 - 1 所示的结构方程。

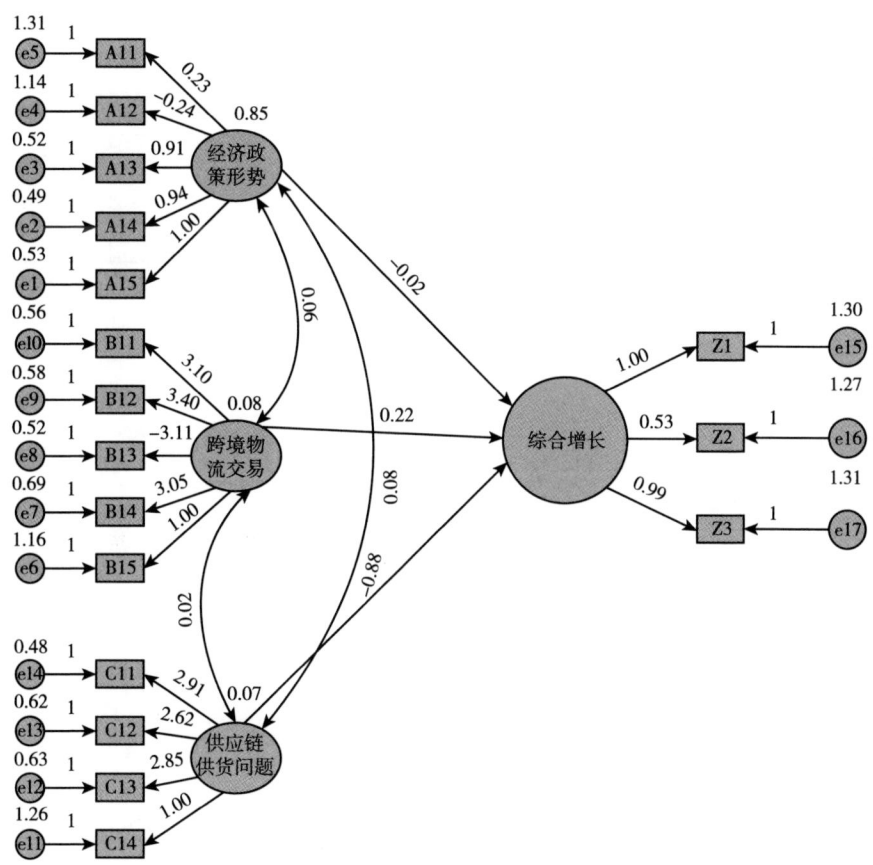

图 3 - 1　结构方程

在初步分析后，我们提出了三个假设。

假设 3 - 1：经济政策形势因素对持续影响认知有显著的正向作用。

假设 3 - 2：跨境物流交易因素对持续影响认知有显著的正向作用。

假设 3 - 3：供应链供货问题因素对持续影响认知有显著的正向作用。

3.4.2 指标检验

在 AMOS 软件中，我们选取卡方值/自由度 = 卡方 Chi-square/df、RMSEA、CFI、TLI、NFI、IFI 系数检验模型的拟合效果。经检验，结果如表 3 - 12 所示。

表 3 - 12　　　　　　　　　　　　　　指标评价结果

指标	CMI/DF	RMSEA	CFI	TLI	NFI	IFI
结果	3. 4	0. 717	0. 784	0. 773	0. 812	0. 083
理想标准 （可以接受）	3 ~ 5	0. 7 ~ 0. 9	0. 7 ~ 0. 9	0. 7 ~ 0. 9	0. 7 ~ 0. 9	0. 08 ~ 1

由表 3 - 12 可知，各个指标系数都可以被接受，达到标准，说明数据与初始模型较为匹配，拟合效果可以被接受。

3.4.3 路径系数分析

由表 3 - 13 可知，其标准路径系数分别为 - 0. 02、0. 22、- 0. 88，根据以上假设，我们发现除跨境物流交易因素接受原假设以外，其他两个指标都拒绝了原假设，也就是说，经济政策形势以及供应链供货问题与综合增长呈负相关关系。

表 3 - 13　　　　　　　　　　　　　　路径系数

路径	Estimate	S. E.	C. R.	P
综合增长因素←经济因素	- 0. 02	0. 034	2. 295	0. 022
综合增长因素←物流因素	0. 22	0. 044	- 4. 92	***
综合增长因素←供应链因素	- 0. 88	0. 057	6. 173	***

注：*** 表示在 0. 1% 的水平上显著。

3.4.4　效应系数分析

从表 3 – 14 可以看出，三种因素的效应系数分别为 0.02、0.22、
0.88，影响程度最大的是供应链因素。

表 3 – 14　　　　　　　　　　效应系数

关系	直接效应	中间变量	间接效应	总效果
综合增长因素←经济因素	0.02	—		0.02
综合增长因素←物流因素	0.22	—		0.22
综合增长因素←供应链因素	0.88	—		0.88

3.4.5　总结

通过以上分析可以得出，对于一级指标的前三个指标而言，经济政策
形势和供应链供货问题指标与综合增长因素呈负相关，跨境物流交易因素
与综合增长因素呈正相关，即只有假设 3 – 2 成立，且供应链因素影响程度
最大，我们在后续的分析中应当高度重视供应链供货问题对整体增长的
影响。

3.5　一级指标下后三个指标对不同增长
维度的相关性分析和回归分析

3.5.1　相关性分析

为探究一级指标下的后三个指标与不同增长因素的关系，对其进行相
关性分析，得到的结果如表 3 – 15 所示。

表 3 - 15 相关分析结果

相关性				
增长因素		公司管理制度	人力资源	海外营销
销售增长率提高	皮尔逊相关性	0.126*	−0.047	0.79
	Sig.（双尾）	0	0	0
	个案数	258	258	258
市场份额增加	皮尔逊相关性	0.027	0.003	0.65
	Sig.（双尾）	0	0	0
	个案数	258	258	258
市场响应能力增加	皮尔逊相关性	0.12	−0.028	0.73
	Sig.（双尾）	0	0	0
	个案数	258	258	258

注：* 表示在 5% 的水平上显著。

由表 3 - 15 可以看出，各个因素显著性都为 0，通过了检验，我们可以得出，公司管理制度与三个不同的增长因素呈现弱相关的关系；人力资源因素与增长因素的相关性也十分低，甚至出现了负相关；但海外营销因素与增长的三个因素都呈现高度相关，相关性较强，应当重点关注。

3.5.2 回归分析

基于以上相关性分析，我们对三个不同的指标分别对三个不同的增长因素进行回归性分析。结果如表 3 - 16 所示。

表 3 - 16 回归分析结果

模型	未标准化系数		标准化系数	t	显著性	共线性统计	
	B	标准错误	Beta			容差	VIF
（常量）	3.763	0.339		11.097	0		
公司管理制度	0.027	0.066	0.26	−0.412	0	0.977	1.024
人力资源	−0.027	0.075	−0.023	0.356	0	0.685	1.461
海外营销	0.58	0.079	0.67	−0.485	0	0.684	1.461

a 因变量：市场份额增加

模型	未标准化系数		标准化系数	t	显著性	共线性统计	
	B	标准错误	Beta			容差	VIF
（常量）	4.317	0.346		12.48	0		
公司管理制度	-0.121	0.067	0.114	-1.808	0	0.977	1.024
人力资源	-0.029	0.076	-0.028	0.375	0	0.685	1.461
境外营销	0.78	0.08	0.74	-0.979	0	0.684	1.461

a 因变量：市场响应能力增加

模型	未标准化系数		标准化系数	t	显著性	共线性统计	
	B	标准错误	Beta			容差	VIF
（常量）	4.158	0.344		12.081	0		
公司管理制度	0.131	0.067	0.123	-1.958	0	0.977	1.024
人力资源	-0.043	0.076	-0.043	-0.567	0	0.685	1.461
境外营销	0.63	0.08	0.81	0.283	0	0.684	1.461

a 因变量：销售增长率提高

从以上数据可以得到以下回归方程：

$$市场份额增加 = 0.26 \times 公司管理制度 - 0.023 \times 人力资源 + 0.67 \times 境外营销 \tag{3-1}$$

$$市场响应能力增加 = 0.114 \times 公司管理制度 - 0.028 \times 人力资源 + 0.74 \times 境外营销 \tag{3-2}$$

$$销售增长率提高 = 0.123 \times 公司管理制度 - 0.043 \times 人力资源 + 0.81 \times 境外营销 \tag{3-3}$$

3.5.3 小结

通过以上回归方程可以看出，对于定量的营销，境外营销的 β 指数分别为 0.67、0.74、0.81，显然这一因素的影响程度最大，而对于公司管理制度和人力资源因素而言，影响程度均不高，故建议应当重点关注境外营销因素。

3.6 一级指标下不同因素的降维——基于因子分析

因子分析是指研究从变量群中提取共性因子的统计分析方法，根据相关性大小对初始变量进行筛选，从而使相同组别中的变量相关性较高，不同组之间的相关性较低，因子分析可在许多变量中找出隐藏的具有代表性的因子。将相同本质的变量归入一个因子，可减少变量的数目，还可检验变量间关系的假设。本调查采用因子分析来分析变量间的关系。

3.6.1 分析建构

在问卷中，在一级指标下设置了 27 个不同因素，为了让分析结果更有重点，对其采用因子分析的方式进行降维，结果如表 3 – 17 所示。

表 3 – 17 　　　　　　　KMO 和 Bartlett 球形度检验结果

KMO 取样适切性量数		0.828
巴特利特球形度检验	近似卡方	2824.291
	自由度	257
	显著性	0

由表 3 – 17 可知，对问卷量表调查的 27 个因素进行因子分析，得到 KMO 系数值和 Bartlett 球形度显著性水平，表中变量 KMO 值为 0.828，大于 0.8，且 Sig. 为 0，小于 0.05，这表明问卷所收集的量表数据有效，各个变量间的相关程度足够大，可以用作因子分析，可以得出有效的因子分析模型。

将参与分析的 27 个变量命名为 A1 ~ D4，对每一个变量都采用公因子表示，对于公因子的提取值，提取值越大，说明变量可以被公因子表达得越好，一般来说大于 0.5 即认为可以被表达，由表 3 – 18 中公因子方差可知，公因子的提取值大多都大于0.5，符合条件。

表 3 - 18　　　　　　　　　　公因子方差

变量	初始	提取
国际政治形势	1	0.792
宏观经济形势	1	0.769
政府政策	1	0.724
法律法规的完善性	1	0.831
员工的相关法律知识	1	0.829
海关因素	1	0.86
仓储包装因素	1	0.764
物流模式选择	1	0.768
平台运营稳定性	1	0.797
网络系统安全	1	0.64
供应商合作稳定性	1	0.623
供应商供货质量把控	1	0.632
工厂产品研发质量	1	0.647
自产货物供货稳定性	1	0.594
企业战略	1	0.6
交易订单实际操作	1	0.792
公司资金管理和核算	1	0.769
客户关系稳定性	1	0.724
公司组织框架完善性	1	0.831
员工业务能力	1	0.829
领导团队的管理水平	1	0.86
公司员工流动率	1	0.764
研发团队人员管理	1	0.768
市场认同度	1	0.797
境外仓储费用	1	0.51
网络营销风险	1	0.701
境外营销计划	1	0.764

　　本调查以主成分分析法对因子进行提取，其中有六个主要成分因子表达效果比较好，通过总方差解释结果以及碎石图（见表 3 - 19 和图 3 - 2）

可以得到，从第 6 个成分开始，之后的每一个成分的特征值均小于 1，对原解释变量的贡献度较小，解释能力逐渐变差，因此共提取出 6 个因子，累积总解释方差为 73.975%，因此根据问题以及因子载荷，最后确定六个因素。

表 3-19　　　　　　　　　　总方差解释

成分	初始特征值			提取载荷平方和			旋转载荷平方和		
	总计	方差百分比	累积 %	总计	方差百分比	累积 %	总计	方差百分比	累积 %
1	7.508	27.806	27.806	7.508	27.806	27.806	5.159	19.106	19.106
2	4.472	16.563	44.369	4.472	16.563	44.369	5.147	19.064	38.171
3	3.616	13.392	57.76	3.616	13.392	57.76	4.116	15.243	53.414
4	2.132	7.896	65.656	2.132	7.896	65.656	2.601	9.633	63.047
5	1.198	4.435	70.091	1.198	4.435	70.091	1.812	6.712	69.759
6	1.049	3.884	73.975	1.049	3.884	73.975	1.138	4.217	73.975
7	0.97	3.592	77.567						
8	0.911	3.373	80.94						
9	0.851	3.153	84.093						
10	0.772	2.86	86.953						
11	0.644	2.384	89.337						
12	0.55	2.037	91.375						
13	0.515	1.909	93.284						
14	0.486	1.801	95.084						
15	0.426	1.579	96.663						
16	0.394	1.458	98.121						
17	0.349	1.291	99.412						
18	0.159	0.588	100						
19	3.94E-16	0.633	100						
20	1.70E-16	0.621	100						
21	1.19E-16	0.594	100						

续表

成分	初始特征值			提取载荷平方和			旋转载荷平方和		
	总计	方差百分比	累积 %	总计	方差百分比	累积 %	总计	方差百分比	累积 %
22	3.63E−17	0.586	100						
23	9.15E−18	0.625	100						
24	−4.92E−17	0.572	100						
25	−1.30E−16	0.584	100						
26	−4.14E−16	0.592	100						
27	−4.75E−16	0.584	100						

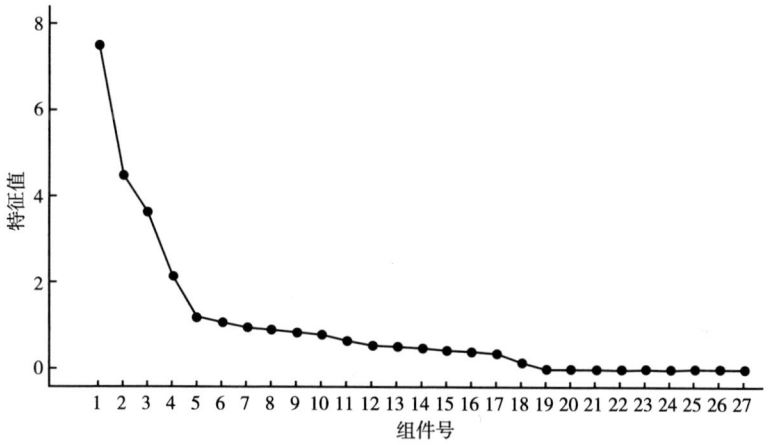

图 3 − 2　碎石图

由表 3 − 20 可知，我们可以根据旋转后的成分矩阵中因子载荷高的因素来重点分析。

表 3 − 20　　　　　　　　　　旋转后的成分矩阵

变量	成分					
	1	2	3	4	5	6
国际政治形势	0.041	0.044	0.864	0.042	0.13	−0.152
宏观经济形势	−0.044	−0.174	−0.812	−0.099	0.122	−0.228

变量	成分					
	1	2	3	4	5	6
政府政策	0.823	0.126	0.107	0.044	−0.130	−0.018
法律法规的完善性	0.859	0.052	0.050	0.136	0.004	−0.263
员工的相关法律知识	0.809	0.061	0.100	0.106	0.121	0.366
海关因素	0.047	0.64	0.124	0.052	0.652	0.070
仓储包装因素	0.088	0.785	0.103	0.170	0.207	−0.239
物流模式选择	−0.121	−0.864	−0.041	−0.023	−0.047	0.051
平台运营稳定性	0.002	0.823	0.062	0.054	0.087	0.324
网络系统安全	0.129	0.104	0.140	0.768	0.032	−0.049
供应商合作稳定性	0.126	0.066	0.092	0.765	0.060	0.070
供应商供货质量把控	0.055	0.109	0.066	0.782	−0.032	−0.021
工厂产品研发质量	0.091	0.031	0.065	0.791	0.082	0.024
自产货物供货稳定性	0.109	0.06	0.754	0.093	0.034	0.019
企业战略	0.055	−0.041	0.764	0.086	0.044	−0.043
交易订单实际操作	0.041	0.044	0.864	0.042	0.130	−0.152
公司资金管理和核算	−0.044	−0.174	−0.812	−0.099	0.122	−0.228
客户关系稳定性	0.823	0.126	0.107	0.044	−0.130	−0.018
公司组织框架的完善性	0.859	0.052	0.05	0.136	0.004	−0.263
员工业务能力	0.809	0.061	0.1	0.106	0.121	0.366
领导团队的管理水平	0.047	0.640	0.124	0.052	0.652	0.070
公司员工流动率	0.088	0.785	0.103	0.170	0.207	−0.239
研发团队人员管理	−0.121	−0.864	−0.041	−0.023	−0.047	0.051
市场认同度	0.002	0.823	0.062	0.054	0.087	0.324
境外仓储费用	0.697	0.009	−0.057	0.051	0.134	0.016
网络营销风险	0.642	−0.003	0.020	0.051	0.233	0.480
境外营销计划	0.068	0.328	−0.002	0.102	0.801	0.013

3.6.2 因子分析小结

在对 27 个因子进行降维后，我们得到了六个维度的因子，便于分析。

对于第一个维度，我们应当着重关注以下几个因素：政府政策、法律法规的完善性、员工的相关法律知识、公司组织框架的完善性、员工业务能力。

对于第二个维度，我们应当着重关注以下几个因素：仓储包装因素、物流模式选择、平台运营稳定性、公司员工流动率、研发团队人员管理、市场认同度。

对于第三个维度，我们应当着重关注以下几个因素：国际政治形势、宏观经济形势、自产货物供货稳定性、企业战略、交易订单实际操作、公司资金管理和核算。

对于第四个维度，我们应当着重关注以下几个因素：网络系统安全、供应商合作稳定性、供应商供货质量把控、工厂产品研发质量。

对于第五个维度，我们应当着重关注以下几个因素：境外营销计划、海关因素、仓储包装因素、领导团队的管理水平、公司员工流动率、网络营销风险。

对于第六个维度，我们应当着重关注以下几个因素：网络营销风险、员工业务能力、市场认同度。

3.7　结论与建议

3.7.1　结论

对该跨境公司来说，当前的运营情况仍存在着很大的问题，包括外部因素和公司内部原因，对于经济政策形势、跨境物流交易、供应链供货问题、公司管理制度、人力资源、境外营销这六个一级指标在公司当前的情况下，实际情况并不是太好。

对于这些一级指标，我们得出以下几个存在的相对重点的问题：需求预测不到位、营收增速缓慢、营销手段过于单一、品牌市场细分程度不够、营销转化率低下、公司专业人员不足、培养机制不健全、交易安全难以保证。

3.7.2 建议

3.7.2.1 完善需求预测

由于市场的易变性与多样化，包括信息技术和生产科技的加快创新发展与商品生命周期的缩短，市场需求预测环节中存在着更多的不确定性。当前公司传统的需求预测模式已经不能满足公司目前的状况，所以应当根据市场环境和跨境电商相关数据，完善公司的需求预测系统。

3.7.2.2 寻找稳定的合作供应商

可以把供应商的产品的可靠程度细分成 A、B、C、D 四个层次，进行初步甄别，之后进行实地考察。再根据需求预测，筛选合适的几家供应商，通过与这几家筛选过的供应商进行一定时间的合作后，从中选出综合质量最高的供应商进行长期的战略合作。这样不仅可以提高订单交付速度，还可以提高对商品的把控。

3.7.2.3 扩大营收基本面、盈利模式

公司只有产品销售这一盈利模式的话，营收面较窄，应当从广告、会员费、咨询服务等多个方面增加公司的盈利点。

改变传统思维拓宽营销手段。目前公司的营销手段还是传统的市场营销手段，也就是所谓的"赔本赚吆喝"。但是在目前互联网高速发展的情况下，旧的市场营销方式并不一定完全适用于基于互联网发展出来的新型电商平台。所以公司目前必须迎合新的市场环境，创新宣传形式，加强宣传力度，实施多样化的精准营销策略，包括眼球经济、直播带货等。

3.7.2.4 完善市场细分

公司目前对于目标市场的细分做得并不完善，特别是在多国市场，国

家众多，宗教背景、文化、政治环境各不相同，所以一个完善的市场划分可以大大节省不必要的营销成本，避免无效的营销计划，实现市场营销的效率最大化。

3.7.2.5　提高营销转化率

公司目前营销转化率低，导致营销成本并不能很好地转化为盈利，所以急需根据公司实际情况来提高公司的营销转化率。首先，公司电商平台客服机制需要改善，需要在平台内置信息交互系统，降低消费者与客服沟通的学习成本。并且除了微信以外，公司应当培训客服使用更适合当地人使用习惯的通信服务软件，对于有长期购买需求的消费者，要从消费者的角度出发，根据消费者需求使用通信服务软件。其次，需要为公司电商平台主页列表增加过滤和排序功能，进而通过过滤项目，使消费者可以更容易地找到满足他们需求的选择。

3.7.2.6　加大电商人才引进和培养

公司的工作人员大多以英语为主要交流方式，英语在一定程度上也可以满足大多数的海外电商贸易过程中的交流所需。但是随着目前公司贸易对象的逐步拓展，为了消除在贸易过程中可能造成交流不通畅或者意思表达不到位等问题，公司对于各国小语种人才的需求也愈发凸显。所以应当在未来的人才招聘和内部培养中，更多地培养多语言技术人才，从而应对公司扩张所带来的需求。

3.7.2.7　公司必须坚持人本观念

人才是公司发展壮大的重要基石，在人才培养方面，必须大力发展企业培养和社区招募相结合的模式，并进一步拓展人才招募途径。另外，公司还须重视在企业内部对相关人员进行特定的培训，建立健全适应企业发展的人才开发制度，总结并推出一些非常完善的企业人才资源管理模型，更好地满足公司跨境电商业务和人才的需求。

3.7.2.8 提高交易安全性

随着业务的进一步扩大，巨大的交易量也会对运营造成压力，所以一套完备的安全体系可以避免为公司造成不必要的损失。公司可以引入身份验证机制，与第三方支付机构和银行进行合作，对用户进行验证，将认证结果及信息传递给银行，从而完成交易的过程，提高交易安全性。并采用网络令牌化的方式，与谷歌等多家安全令牌厂商进行合作，通过安全令牌，进一步在不降低安全性的同时，提高客户使用便利。

第4章

基于跨境电商平台的创业成功模式研究

4.1 调研目的

进入 21 世纪，各国之间的联系逐渐变得更加密切起来。跨境电商业务兴起，各个公司纷纷尝试拓展跨境电商业务。近年来，中国的跨境电商业务发展迅速，俨然已经成为创业的新方向。而在跨境电商业务开展的过程中，跨境电商平台发挥着巨大的作用。

本书旨在利用 SPSS 分析工具，通过回归分析、相关分析等分析方法，达成以下调研目的：

（1）分析跨境电商平台绩效的影响因素；

（2）分析跨境电商平台绩效对企业发展绩效的影响状况；

（3）分析跨境电商平台促进跨境电商企业绩效提升的事实结果，总结出一些比较有说服力的结论，为高层管理者提供决策依据；

（4）提出推动跨境电商企业发展和跨境电商平台升级进步的针对性建议。

4.2 调研意义

跨境电商作为推动经济一体化、贸易全球化的技术基础，具有非常重要的战略意义。跨境电商不仅冲破了国家间的障碍，使国际贸易走向无国界贸易，同时它也正在引起世界经济贸易的巨大变革。

而跨境电商平台就是为这一切提供基础的重要保障。通过探究跨境电商平台对企业绩效的影响以及明确提升跨境电商平台的改进方向，有以下三条比较显著的意义。

（1）明确跨境电商平台对跨境电商企业发展的重要性，有助于调整企业战略决策方向。

（2）明确企业跨境电商平台的改进方向，从而为企业下一步升级、改造跨境电商平台提供行动指南。

（3）调查分析的结论能够为企业发展重点提供参考借鉴意义，大大促进了多边资源的优化配置与企业间的互利共赢。

4.3　调研方法和程序

4.3.1　调研方法

4.3.1.1　文献调查法

通过查阅各种方案、相关资料确定调查对象及研究方向。调查过程中部分信息的获取来自已有文献资料，包括上网查看了品牌猪肉的相关论文和新闻报道，并且在国家数据网等权威网站上查找相关数据，找到案例分析。针对居民对于猪肉需求的问题，从猪肉市场的痛点出发，探寻问题切入点，进行对猪肉需求以及消费者偏好的理论研究，归纳四大品牌猪肉在西南四个城市猪肉市场的发展状况，构建本书基本理论构架。

其中，文献调查法大部分采用的是定性分析方法。定性分析方法与定量分析方法相对，是对事物的质的规定性进行分析研究的一种科学分析方法。现已成为自然科学、社会科学以及软科学普遍采用的基本研究方法。定性分析的主要内容是判断事物具有何种属性（特性及其相互关系），以便把某一事物与其他事物区别开来；为了更深入地认识事物的质，还要判断事物由哪些要素组成，以及这些要素在空间上采取什么样的联系和排列组合方式。

4.3.1.2　问卷调查法

在调查之前，本小组设计了一份调查问卷，深入各地的农产品市场，以个体为单位进行线上发放并回收，如果填写人员对问卷有疑问或者顾虑，积极主动地同他们交流。问卷从实际出发，长度适中、问题思路清晰、答案完整无歧义、内容环环相扣、层层递进，问题由易到难，有利于提高访谈的效率，形式为封闭性问卷。最后对收集到的问卷进行数据分析，运用方差分析、T 检验分析以及 AHP 矩阵分析等方法，分析研究西南地区四个城市猪肉的需求程度以及影响因素的情况。

其中，问卷调查法大部分采用的是定量分析方法，因为进行问卷调查的最终目的是对调查数据进行相应的分析，从而得出一系列实证性结论。定量分析法是对社会现象的数量特征、数量关系与数量变化进行分析的方法。在企业管理上，定量分析法是以企业财务报表为主要数据来源，按照某种数理方式进行加工整理，得出企业的信用结果。

4.3.2　数据分析方法

本次进行问卷数据分析工作主要借助的软件工具是 SPSS，SPSS 具有十分强大的功能，能够进行相关分析、因子分析和回归分析等多种分析，为我们充分了解数据分布特征提供有力的保障。

4.3.2.1　双因素分析法

双因素分析法是指在一个时间点上对两种变量的比较分析。目的不仅在于描述事实，还在于对比分析。

4.3.2.2　单因素分析法

单因素分析法指在一个时间点上，研究不同水平的某因素对一个独立变量的影响程度的分析。即调查方向仅为一个方向，如研究不同时期对消费者购买猪肉的影响等。

4.3.2.3 相关分析

相关分析（correlation analysis）是研究现象之间是否存在某种依存关系，并对具体有依存关系的现象探讨其相关方向以及相关程度，是研究随机变量之间的相关关系的一种统计方法。

4.3.2.4 回归分析

回归分析（regression analysis）是确定两种或两种以上变量间相互依赖的定量关系的一种统计分析方法。

4.3.3 调研程序

本次调研程序如图 4 - 1 所示。

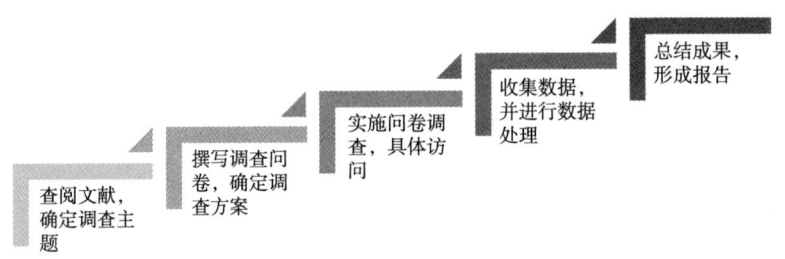

图 4 - 1　调研程序示意

4.4　问卷设计和说明

4.4.1 抽样框的选定

由于本次调研选题比较特殊，主要利用问卷星等网络工具进行问卷调查的数据收集，因此对于抽样框的选定通过问卷填写人员设置进行限制（见图4-2）。具体规定如下：

（1）填写人员必须是跨境电商企业的内部正式工作人员；

（2）填写人员所在跨境电商企业进行跨境电商业务年限不得少于1年；

（3）填写人员所在跨境电商企业必须拥有一个或多个用于支撑日常工作的跨境电商平台；

（4）填写人员所在跨境电商企业总员工人数不得少于20人；

（5）填写人员可以是跨境电商企业的基层业务员、中层管理者或者高层管理者等。

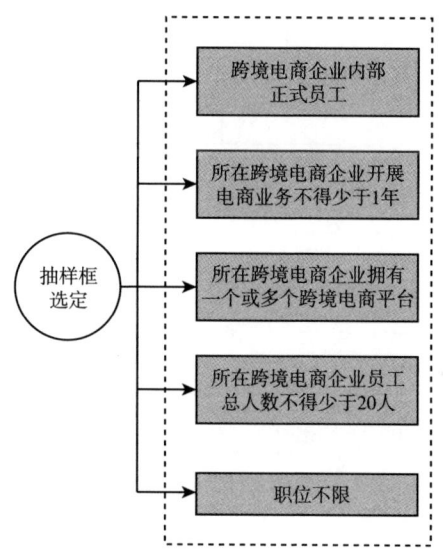

图4-2　调查抽样框选定示意

4.4.2　问卷题型设计

本次问卷题型主要由单项选择题和矩阵量表题两种题型组成，题型设计较为简单，但是设计的问题具有更深的逻辑性和合理性。

本次问卷共设计20道题目，其中有7道单选题和13道矩阵量表题。7道选择题主要侧重对被调查者个人信息和其所在跨境电商企业相关信息的一些收集和获取；而另外 13 道题目则更加侧重调查跨境电商平台物流成本、跨境电商平台贸易合规情况、跨境电商平台金融服务、跨境电商平台信息整合、跨境电商平台营销成本、供应链敏捷性、感知易用性、环境动态性、IT 能力、IT 集成、大数据分析能力以及财务绩效等这些自变量因素对因变量因素——企业绩效运营情况的影响程度，整体设计思路如图 4-3所示。

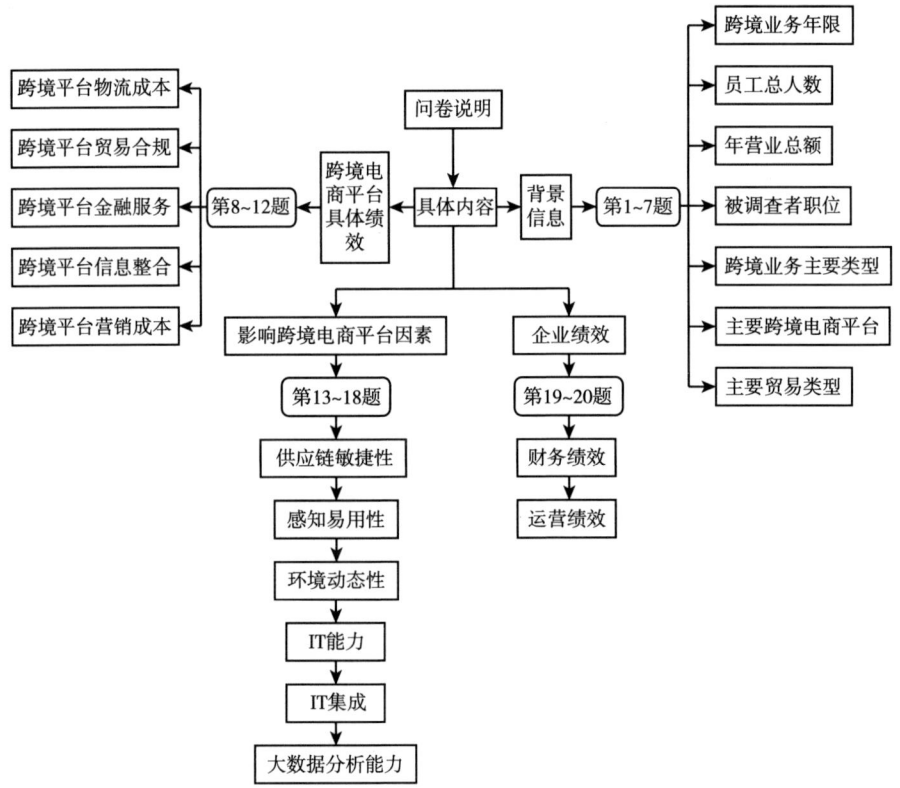

图 4-3 设计问卷思路框架示意

具体的问卷设计框架如下：

（1）问卷标题；

（2）问卷说明 + 时间；

（3）问卷题型和题目设计：

①第一部分：背景信息部分，第 1~7 题，主要是调查一些跨境电商企

业的基本资料。

②第二部分：跨境电商平台具体绩效部分，第 8～12 题，主要是关于企业使用的跨境电商平台的一些相关情况调查。比如跨境电商平台的物流成本、跨境电商平台的贸易合规情况、跨境电商平台的金融服务、跨境电商平台的信息整合能力、跨境电商平台的营销成本等。这些都和企业绩效息息相关，通过对这些情况的调查，有助于分析出跨境电商平台和跨境电商企业绩效之间的一些关系，从而为企业高层管理者提供决策依据。

③第三部分：影响跨境电商平台因素部分，第 13～18 题，主要是对一些影响跨境电商平台构建的因素进行综合分析，涵盖企业发展状况、能力构成等。比如企业供应链的敏捷性、感知易用性、环境动态性、IT 能力、IT 集成以及大数据分析能力等，这些对推动企业发展也起着至关重要的作用。

④第四部分：企业绩效部分，第 19～20 题，主要是对跨境电商平台影响企业实际发展情况的一个具体评判，也是本次调查因变量结果的体现。

4.5　问卷收集过程

4.5.1　样本容量的确定

在抽样设计中，确定样本容量是十分重要的一步，是实施抽样的必要前提，如果样本容量没有确定，就无法开展后续工作。因此我们在收集问卷之前，需要对收集到的问卷数量进行设定，也就是进行样本容量的确定。

在预发放问卷过程中，我们计划通过问卷星向互联网农产品用户发放问卷 250 份，实际共收到 241 份问卷，回收率约为 96.4%，这也是互联网问卷填写的特点之一——回收率较高。

4.5.2　问卷收集途径

本次问卷收集主要通过"问卷星"这个互联网问卷填写工具进行问卷

收集，主要的填写途径有互填社区和朋友圈发送。

（1）互填社区。互填社区是一个互助社区，通过填写其他发布者的问卷可获取到相应的点数，其他发布者填写自己的问卷，消耗点数；互填列表按发布者的点数余额排序，点数越高，排名越高。

（2）朋友圈发送。利用朋友圈下的人脉关系获取填写数据。

4.5.3　问卷收集具体流程

利用问卷星收集问卷的具体流程如图 4 - 4 所示。

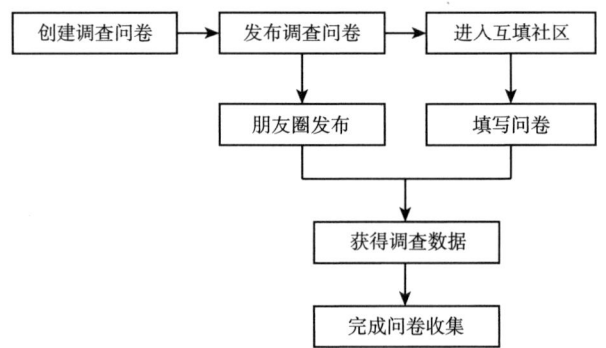

图 4 - 4　利用问卷星收集问卷的具体流程

4.6　数据预处理

数据的预处理是进行数据分析之前的必备工作，指的是对所收集到的信息数据进行分析之前对其他一些可能会引起误差的变量进行的处理。通常是对某些异常数据进行剔除、筛选的过程。

4.6.1　异常数据清理

异常值指的是样本中个别与其他数值相差巨大的数值。由于本次我们采用的是线上调查的方式，因此在本次数据预处理中，我们通过设定时间限制值来区分异常数据。即我们假定填写时间少于 15 秒的问卷为异常问卷，这类问卷并不作为最终结果的分析。

根据时间限制值 $\tau = 15$，我们剔除了 21 份无效问卷，将其作为无效数据。

4.6.2　缺失数据处理

为了更加高效地完成数据分析，团队利用 SPSS 对异常值进行处理，共剔除 27 份缺失值，处理后最终有效的数据为 193 份。

4.6.3　赋值

为了便于分析比较，我们对问卷进行编码以便于问卷信息的录入及需要时方便查找。

根据问卷设置，对具体选项进行赋值替代。若该题为单选题，则根据选项位置分别赋值，如"贵公司进行跨境电商业务年限"一题中，"小于 3 年"赋值为 1，"4 ~ 5 年"赋值为 2，以此类推；若该题为矩阵单选题，则根据同意程度进行赋值，同时为了方便区分，在每一个问题名称前设置一个大写英文字母，比如调查"跨境电商平台物流成本的情况"，对于"跨境运输速度与质量对绩效的影响"用 A1 表示，选项则比较统一，"完全不同意"赋值 1，"不同意"赋值 2，以此类推。

4.7　问卷数据分析

本次针对调查问卷的数据分析主要通过 SPSS 这个软件工具进行，利用描述性统计分析、信度和效度分析、参数估计、假设检验、相关分析、因子分析等多种分析方法进行探究。

4.7.1 描述性分析

（1）问题1：贵公司进行跨境电商业务年限。

本题调查有3个异常值。

通过表4-1、图4-5分析可知，本次被调查人员所在跨境电商企业从事跨境电商业务4~5年的人数最多，有92人，占比45.1%，接近一半的比例；而从事11年以上的较少。这也印证了我国跨境电商行业还不够成熟但是已经发展了一段时期的特点，也从侧面印证了本次调查结果比较符合实际，可信度较高。

表4-1　　　　　问题1描述性分析结果（频率）

	业务年限	频率	百分比	有效百分比	累积百分比
有效	0	3	1.5	1.5	1.5
	小于3年	41	20.1	20.5	22.0
	4~5年	92	45.1	46.0	68.0
	6~10年	46	22.5	23.0	91.0
	11年以上	18	8.8	9.0	100.0
	总计	200	98.0	100.0	
缺失	系统	4	2.0		
总计		204	100.0		

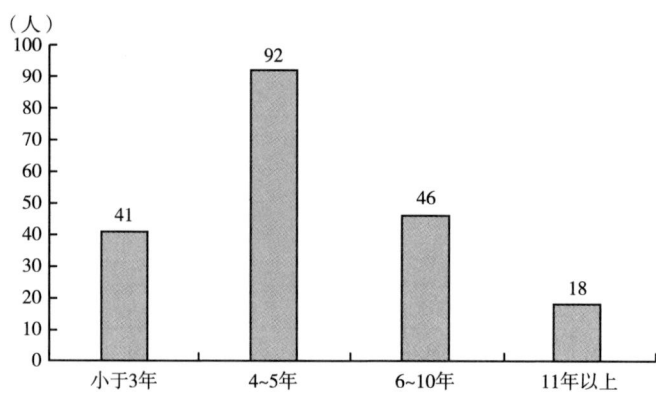

图4-5　问题1可视化图

（2）问题2：贵公司员工总人数。

通过表4-2、图4-6分析可知，本次被调查人员所在跨境电商企业员工总人数大多以81~150人为主，有81家；超过501人的企业很少，只有5家，占比只有2.5%。这说明了现在跨境电商行业虽然比较吃香，但是还没有形成比较大的规模，更多的还是以中小型企业为主，同时也说明了我国跨境电商市场机会还比较大，大型企业产生部分垄断的情况还没有发生。

表4-2　　　　　　　　　　问题2描述性分析结果（频率）

	员工总人数	频率	百分比	有效百分比	累积百分比
有效	小于80人	60	29.4	30.0	30.0
	81~150人	81	39.7	40.5	70.5
	151~500人	54	26.5	27.0	97.5
	501人以上	5	2.5	2.5	100.0
	总计	200	98.0	100.0	
缺失	系统	4	2.0		
总计		204	100.0		

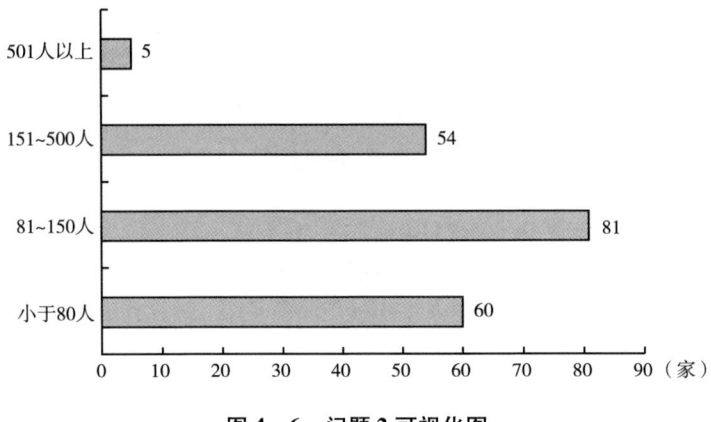

图4-6　问题2可视化图

（3）问题3：贵公司的年营业额。

通过表4-3、图4-7分析可知，本次被调查人员所在跨境电商企业年营业额主要在100万~500万元，总共有85家企业，占比41.7%；最少的比例是 1001 万元以上，只占比 7.4% 。这也说明了如今我国跨境电商行业还有待发展的现实情况，这也与前面几道题的分析结果相吻合，印证了信度和效度。同时也说明了本次调查的现实意义，体现了探究跨境电商平台和跨境电商企业绩效之间关系的必要性。

表 4－3   问题 3 描述性分析结果（频率）

年营业额		频率	百分比	有效百分比	累积百分比
有效	小于 100 万元	50	24.5	25.0	25.0
	100 万～500 万元	85	41.7	42.5	67.5
	501 万～1000 万元	50	24.5	25.0	92.5
	1001 万元以上	15	7.4	7.5	100.0
	总计	200	98.0	100.0	
缺失	系统	4	2.0		
总计		204	100.0		

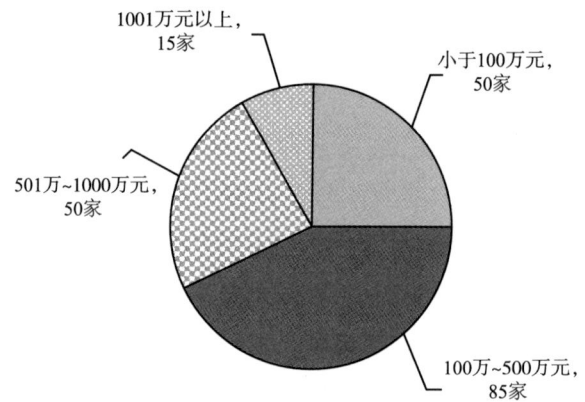

图 4－7   问题 3 可视化图

（4）问题 4：被调查者职位类型。

本题调查有 4 个异常值。

通过表 4－4、图 4－8 分析可知，本次被调查人员的职位主要有高层管理者、中层管理者、基层业务员等，分别是 62 人、77 人、49 人，人数分布较为平均。说明本次的调查结果汇聚了来自多方面的观点和意见，具有较强的代表性和参考价值。

表 4 - 4　　　　　　　　　问题 4 描述性分析结果（频率）

	职位	频率	百分比	有效百分比	累积百分比
有效	0	4	2.0	2.0	2.0
	高层管理者	62	30.4	31.0	33.0
	中层管理者	77	37.7	38.5	71.5
	基层业务员	49	24.0	24.5	96.0
	其他	8	3.9	4.0	100.0
	总计	200	98.0	100.0	
缺失	系统	4	2.0		
总计		204	100.0		

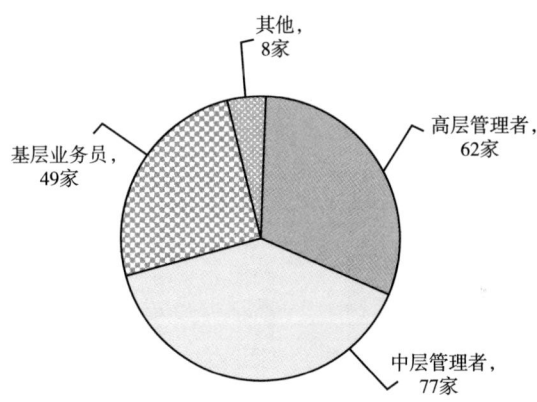

图 4 - 8　问题 4 可视化图

（5）问题 5：贵公司跨境业务主要类型。

通过表 4 - 5、图 4 - 9 分析可知，本次被调查人员所在跨境电商企业主要业务类型是企业对消费者（B2C），B2C 的类型还是目前跨境电商企业的主流，有 69 家，占比 33.8%；同时企业对企业（B2B）的业务类型也比较受青睐，有 45 家企业，占比 22.1%；而很明显的是，消费者对消费者（C2C）的业务类型目前还比较短缺，这主要是由于跨境电商业务比较复杂，以 C2C 的业务形式难以支撑复杂的海关流程等，只有 17 家企业，占比不到 10%。从本题的调查结果可以看出未来跨境电商企业业务发展的分布情况。

表 4-5　　　　　　　　　　问题 5 描述性分析结果（频率）

主要业务		频率	百分比	有效百分比	累积百分比
有效	B2B	45	22.1	22.5	22.5
	B2C	69	33.8	34.5	57.0
	C2B	28	13.7	14.0	71.0
	C2C	17	8.3	8.5	79.5
	其他	41	20.1	20.5	100.0
	总计	200	98.0	100.0	
缺失	系统	4	2.0		
总计		204	100.0		

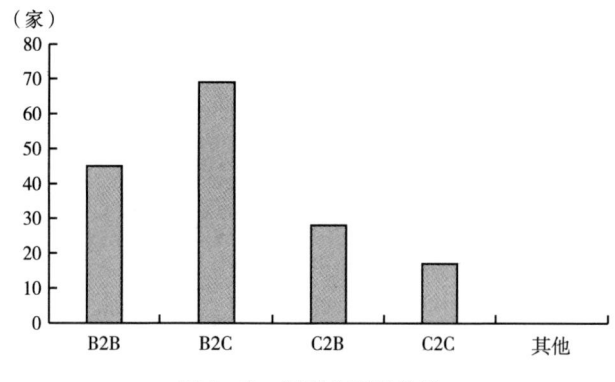

图 4-9　　问题 5 可视化图

（6）问题 6：贵公司主要使用的跨境电商平台。

通过表 4-6、图 4-10 分析可知，本次被调查人员所在跨境电商企业主要使用的跨境电商平台是易贝网，有 90 家，占比 44.1%；其次是亚马逊，有 43 家，占比 21.1%；再次是全球速卖通，有 37 家，占比 18.1%。根据相关资料可知，目前跨境电商平台比较有限，主流的跨境电商平台就是亚马逊、易贝网、全球速卖通等。尽管亚马逊实力较强，是目前全球最大的跨境电商平台，但同时准入门槛也比较高，因此对于跨境电商行业还不成熟的中国企业来说，在很多时候可能并不是一个好选择，因此在本次调查中也不是占比最多的；易贝网也是全球知名的电商平台，它的优势在于投入相对较少，因此成为很多企业的第一选择；而我国阿里旗下的全球速卖通则针对的是高性价比的产品，因此近几年大有后来居上的趋势，也有很多跨境电商企业会选择全球速卖通。

表 4-6　　　　　　　　问题 6 描述性分析结果（频率）

	主要平台	频率	百分比	有效百分比	累积百分比
有效	亚马逊	43	21.1	21.5	21.5
	易贝网	90	44.1	45.0	66.5
	全球速卖通	37	18.1	18.5	85.0
	其他	30	14.7	15.0	100.0
	总计	200	98.0	100.0	
缺失	系统	4	2.0		
总计		204	100.0		

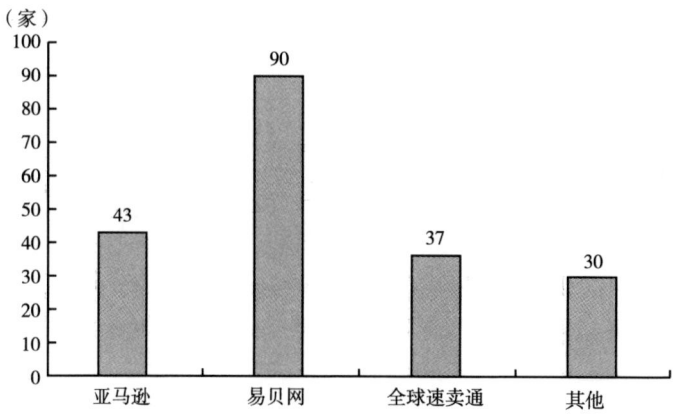

图 4-10　问题 6 可视化图

（7）问题 7：贵公司的主要贸易类型。

通过表 4-7、图 4-11 分析可知，本次被调查人员所在跨境电商企业主要的贸易类型是出口类，有 100 家，占比 49%。可见目前出口类贸易类型还是占据主流；而剩下的进口类和混合式占比大致持平，分别占比 27% 和 22.1%。

表4-7 问题7描述性分析结果（频率）

贸易类型		频率	百分比	有效百分比	累积百分比
有效	进口类	55	27.0	27.5	27.5
	出口类	100	49.0	50.0	77.5
	混合式	45	22.1	22.5	100.0
	总计	200	98.0	100.0	
缺失	系统	4	2.0		
总计		204	100.0		

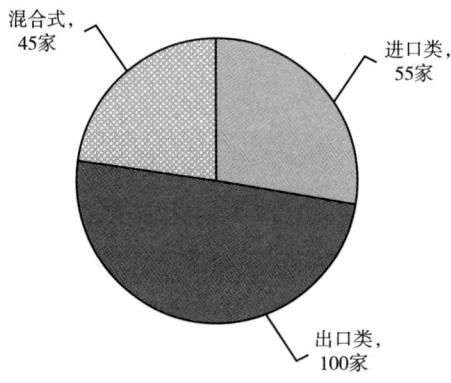

图4-11 问题7描述性分析结果（频率）

本次调查问卷的第1~7题主要是对被调查人员所在跨境电商企业的一些基本信息进行调查，利用描述性分析的方法对数据的一些群体特征进行分析，综合分析结果如表4-8所示。

表4-8 第1~7题分析结果汇总

项目		业务年限	员工总人数	年营业额	职位	主要业务	主要平台	贸易类型
个案数	有效	200	200	200	200	200	200	200
	缺失	4	4	4	4	4	4	4
平均值		2.18	2.02	2.15	1.98	2.70	2.27	1.95
中位数		2.00	2.00	2.00	2.00	2.00	2.00	2.00
众数		2	2	2	2	2	2	2
标准偏差		0.910	0.820	0.884	0.894	1.439	0.965	0.707

续表

项目		业务年限	员工总人数	年营业额	职位	主要业务	主要平台	贸易类型
方差		0.829	0.673	0.781	0.798	2.070	0.932	0.500
偏度		0.252	0.239	0.363	0.220	0.498	0.451	0.071
偏度标准误差		0.172	0.172	0.172	0.172	0.172	0.172	0.172
峰度		-0.282	-0.855	-0.592	-0.564	-1.126	-0.710	-0.985
峰度标准误差		0.342	0.342	0.342	0.342	0.342	0.342	0.342
总和		435	404	430	395	540	454	390
百分位数	25	2.00	1.00	1.25	1.00	2.00	2.00	1.00
	50	2.00	2.00	2.00	2.00	2.00	2.00	2.00
	75	3.00	3.00	3.00	3.00	4.00	3.00	3.00

通过上述综合分析结果图我们可以得到这 7 道题数据的集中趋势和离散态势，7 道题的数据特征具有向 2 集中的趋势，体现了如今跨境电商企业处在发展之中，但尚未形成较大规模的发展情况。

4.7.2 信度效度分析

利用 SPSS 带有的信度、效度分析功能，对本次调查结果数据进行分析，得到的结果如图 4-12、图 4-13 所示。

可靠性统计

克隆巴赫 Alpha	项数
0.547	57

KMO和巴特利特检验

KMO取样适切性量数		0.499
巴特利特球形度检验	近似卡方	2129.940
	自由度	1596
	显著性	0.000

图 4-12 信度分析　　　　**图 4-13 效度分析**

一般来说，Alpha 大于 0.7 是属于信度比较好的，本次调查结果为 0.547，信度没有达到预期效果，勉强算可接受的结果；KMO 接近 1 被认为是比较好的效度，此次调查结果约为 0.5，也未达到预期效果，勉强算可接受的结果。

4.7.3 相关性分析

利用 SPSS 23.0 的相关性分析工具，对本次调查结果数据进行分析。

4.7.3.1 跨境电商平台物流成本对企业绩效的影响情况

（1）A1 跨境电商平台（运输速度与质量）与企业绩效相关分析结果如表 4-9 所示。

表 4-9 **A1 与企业绩效相关分析结果**

项目		A1 速度与质量	L2 交易成本	L3 物流成本	M1 销售增长率	M2 市场份额	M3 市场响应	L1 平均利润
A1 速度与质量	皮尔逊相关性	1	0.038	0.112	0.188**	0.030	-0.094	-0.087
	Sig.（双尾）		0.527	0.062	0.003	0.633	0.187	0.150
	个案数	278	278	278	252	252	200	278
L2 交易成本	皮尔逊相关性	0.038	1	0.258**	0.289**	0.119	-0.001	0.248**
	Sig.（双尾）	0.527		0.000	0.000	0.060	0.990	0.000
	个案数	278	278	278	252	252	200	278
L3 物流成本	皮尔逊相关性	0.112	0.258**	1	0.246**	0.145*	-0.003	0.247**
	Sig.（双尾）	0.062	0.000		0.000	0.021	0.967	0.000
	个案数	278	278	278	252	252	200	278
M1 销售增长率	皮尔逊相关性	0.188**	0.289**	0.246**	1	0.260**	0.048	0.279**
	Sig.（双尾）	0.003	0.000	0.000		0.000	0.498	0.000
	个案数	252	252	252	252	252	200	252
M2 市场份额	皮尔逊相关性	0.030	0.119	0.145*	0.260**	1	0.097	0.125*
	Sig.（双尾）	0.633	0.060	0.021	0.000		0.172	0.047
	个案数	252	252	252	252	252	200	252
M3 市场响应	皮尔逊相关性	-0.094	-0.001	-0.003	0.048	0.097	1	0.084
	Sig.（双尾）	0.187	0.990	0.967	0.498	0.172		0.239
	个案数	200	200	200	200	200	200	200
L1 平均利润	皮尔逊相关性	-0.087	0.248**	0.247**	0.279**	0.125*	0.084	1
	Sig.（双尾）	0.150	0.000	0.000	0.000	0.047	0.239	
	个案数	278	278	278	252	252	200	278

注：*表示在 5% 的水平上显著，**表示在 1% 的水平上显著。

通过上述结果可知：

①A1 跨境电商平台的运输速度与质量与企业财务绩效中平均利润的 Sig. 系数为 0.150，大于 0.05，说明在 95% 的置信水平上没有显著性差异，说明跨境电商平台的运输速度与质量和平均利润不相关；

②A1 跨境电商平台的运输速度与质量与企业财务绩效中交易成本的 Sig. 系数为 0.527，大于 0.05，说明在 95% 的置信水平上没有显著性差异，说明跨境电商平台的运输速度与质量和交易成本不相关；

③A1 跨境电商平台的运输速度与质量与企业财务绩效中物流成本的 Sig. 系数为 0.062，大于 0.05，说明在 95% 的置信水平上没有显著性差异，说明跨境电商平台的运输速度与质量和物流成本不相关；

④A1 跨境电商平台的运输速度与质量与企业运营绩效中销售增长率的 Sig. 系数为 0.003，小于 0.05，说明在 95% 的置信水平上有显著性差异，说明跨境电商平台的运输速度与质量和销售增长率相关，并且为正相关关系；

⑤A1 跨境电商平台的运输速度与质量与企业运营绩效中市场份额的 Sig. 系数为 0.633，大于 0.05，说明在 95% 的置信水平上没有显著性差异，说明跨境电商平台的运输速度与质量和市场份额不相关；

⑥A1 跨境电商平台的运输速度与质量与企业运营绩效中市场响应的 Sig. 系数为 0.187，大于 0.05，说明在 95% 的置信水平上没有显著性差异，说明跨境电商平台的运输速度与质量和市场响应不相关。

（2）A2 跨境电商平台（报关速度）与企业绩效相关分析结果如表 4-10 所示。

表 4-10　　　　　　　　　A2 与企业绩效相关分析结果

	项目	A2 报关速度	L2 交易成本	L3 物流成本	M1 销售增长率	M2 市场份额	M3 市场响应	L1 平均利润
A2 报关速度	皮尔逊相关性	1	0.152 *	-0.026	0.059	0.091	-0.116	0.089
	Sig.（双尾）		0.011	0.669	0.348	0.149	0.103	0.138
	个案数	278	278	278	252	252	200	278

项目		A2 报关速度	L2 交易成本	L3 物流成本	M1 销售增长率	M2 市场份额	M3 市场响应	L1 平均利润
L2 交易成本	皮尔逊相关性	0.152 *	1	0.258 **	0.289 **	0.119	− 0.001	0.248 **
	Sig.（双尾）	0.011		0.000	0.000	0.060	0.090	0.000
	个案数	278	278	278	252	252	200	278
L3 物流成本	皮尔逊相关性	− 0.026	0.258 **	1	0.246 **	0.145 *	− 0.003	0.247 **
	Sig.（双尾）	0.669	0.000		0.000	0.021	0.967	0.000
	个案数	278	278	278	252	252	200	278
M1 销售增长率	皮尔逊相关性	0.059	0.289 **	0.246 **	1	0.260 **	0.048	0.279 **
	Sig.（双尾）	0.348	0.000	0.000		0.000	0.498	0.000
	个案数	252	252	252	252	252	200	252
M2 市场份额	皮尔逊相关性	0.091	0.119	0.145 *	0.260 **	1	0.0997	0.125 *
	Sig.（双尾）	0.149	0.060	0.021	0.000		0.172	0.047
	个案数	252	252	252	252	252	200	252
M3 市场响应	皮尔逊相关性	− 0.116	− 0.001	− 0.003	0.048	0.097	1	0.084
	Sig.（双尾）	0.103	0.990	0.967	0.498	0.172		0.239
	个案数	200	200	200	200	200	200	200
L1 平均利润	皮尔逊相关性	0.089	0.248 **	0.247 **	0.279 **	0.125 *	0.084	1
	Sig.（双尾）	0.138	0.000	0.000	0.000	0.047	0.239	
	个案数	278	278	278	252	252	200	278

注：* 表示在5%的水平上显著，** 表示在1%的水平上显著。

通过上述结果可知：

①A2 跨境电商平台的报关速度与企业财务绩效中平均利润的 Sig. 系数为0.138，大于0.05，说明在95%的置信水平上没有显著性差异，说明跨境电商平台报关速度和平均利润不相关；

②A2 跨境电商平台的报关速度与企业财务绩效中交易成本的 Sig. 系数为0.011，小于0.05，说明在95%的置信水平上有显著性差异，说明跨境电商平台报关速度和交易成本相关，且为正相关关系；

③A2 跨境电商平台的报关速度与企业财务绩效中物流成本的 Sig. 系数为0.669，大于0.05，说明在95%的置信水平上没有显著性差异，说明跨境电商平台报关速度和物流成本不相关；

④A2 跨境电商平台的报关速度与企业运营绩效中销售增长率的 Sig. 系数为 0.348，大于 0.05，说明在 95% 的置信水平上没有显著性差异，说明跨境电商平台报关速度和销售增长率不相关；

⑤A2 跨境电商平台的报关速度与企业运营绩效中市场份额的 Sig. 系数为 0.149，大于 0.05，说明在 95% 的置信水平上没有显著性差异，说明跨境电商平台报关速度和市场份额不相关；

⑥A2 跨境电商平台的报关速度与企业运营绩效中市场响应的 Sig. 系数为 0.103，大于 0.05，说明在 95% 的置信水平上没有显著性差异，说明跨境电商平台报关速度和市场响应不相关。

（3）A3 跨境电商平台（物流信息）与企业绩效相关分析结果如表 4-11 所示。

表 4-11　　　　　　　　　A3 与企业绩效相关分析结果

	项目	A3 物流信息	L1 平均利润	L2 交易成本	L3 物流成本	M1 销售增长率	M2 市场份额	M3 市场响应
A3 物流信息	皮尔逊相关性	1	-0.007	-0.045	-0.088	-0.094	-0.101	-0.047
	Sig.（双尾）		0.909	0.459	0.144	0.138	0.109	0.506
	个案数	278	278	278	278	252	252	200
L1 平均利润	皮尔逊相关性	-0.007	1	0.248 **	0.247 **	0.279 **	0.125 *	0.084
	Sig.（双尾）	0.909		0.000	0.000	0.000	0.047	0.239
	个案数	278	278	278	278	252	252	200
L2 交易成本	皮尔逊相关性	-0.045	0.248 **	1	0.258 **	0.289 **	0.119	-0.001
	Sig.（双尾）	0.459	0.000		0.000	0.000	0.060	0.990
	个案数	278	278	278	278	252	252	200
L3 物流成本	皮尔逊相关性	-0.088	0.247 **	0.258 **	1	0.246 **	0.145 *	-0.003
	Sig.（双尾）	0.144	0.000	0.000		0.000	0.021	0.967
	个案数	278	278	278	278	252	252	200
M1 销售增长率	皮尔逊相关性	-0.094	0.279 **	0.289 **	0.246 **	1	0.260 **	0.048
	Sig.（双尾）	0.138	0.000	0.000	0.000		0.000	0.498
	个案数	252	252	252	252	252	252	200

项目		A3 物流信息	L1 平均利润	L2 交易成本	L3 物流成本	M1 销售增长率	M2 市场份额	M3 市场响应
M2 市场份额	皮尔逊相关性	− 0.101	0.125 *	0.119	0.145 *	0.260 **	1	0.097
	Sig.（双尾）	0.109	0.047	0.060	0.021	0.000		0.172
	个案数	252	252	252	252	252	252	200
M3 市场响应	皮尔逊相关性	− 0.047	0.084	− 0.001	− 0.003	0.048	0.097	1
	Sig.（双尾）	0.506	0.239	0.990	0.967	0.498	0.172	
	个案数	200	200	200	200	200	200	200

注：* 表示在5%的水平上显著，** 表示在1%的水平上显著。

通过上述结果可知：

①A3 跨境电商平台的物流信息与企业财务绩效中平均利润的 Sig. 系数为0.909，大于0.05，说明在95%的置信水平上没有显著性差异，说明跨境电商平台物流信息和平均利润不相关；

②A3 跨境电商平台的物流信息与企业财务绩效中交易成本的 Sig. 系数为0.459，大于0.05，说明在95%的置信水平上没有显著性差异，说明跨境电商平台物流信息和交易成本不相关；

③A3 跨境电商平台的物流信息与企业财务绩效中物流成本的 Sig. 系数为0.144，大于0.05，说明在95%的置信水平上没有显著性差异，说明跨境电商平台物流信息和物流成本不相关；

④A3 跨境电商平台的物流信息与企业运营绩效中销售增长率的 Sig. 系数为0.138，大于0.05，说明在95%的置信水平上没有显著性差异，说明跨境电商平台物流信息和销售增长率不相关；

⑤A3 跨境电商平台的物流信息与企业运营绩效中市场份额的 Sig. 系数为0.109，大于0.05，说明在95%的置信水平上没有显著性差异，说明跨境电商平台物流信息和市场份额不相关；

⑥A3 跨境电商平台的物流信息与企业运营绩效中市场响应的 Sig. 系数为0.506，大于0.05，说明在95%的置信水平上没有显著性差异，说明跨境电商平台物流信息和市场响应不相关。

（4）A4 跨境电商平台（仓储成本）与企业绩效相关分析结果如

表 4 - 12 所示。

表 4 - 12　　　　　　　　A4 与企业绩效相关分析结果

项目		A4 仓储成本	L1 平均利润	L2 交易成本	L3 物流成本	M1 销售增长率	M2 市场份额	M3 市场响应
A4 仓储成本	皮尔逊相关性	1	0.003	− 0.033	0.147 *	0.026	− 0.086	0.027
	Sig.（双尾）		0.958	0.579	0.014	0.684	0.174	0.707
	个案数	278	278	278	278	252	252	200
L1 平均利润	皮尔逊相关性	0.003	1	0.248 **	0.247 **	0.279 **	0.125 *	0.084
	Sig.（双尾）	0.958		0.000	0.000	0.000	0.047	0.239
	个案数	278	278	278	278	252	252	200
L2 交易成本	皮尔逊相关性	− 0.033	0.248 **	1	0.258 **	0.289 **	0.119	− 0.001
	Sig.（双尾）	0.579	0.000		0.000	0.000	0.060	0.990
	个案数	278	278	278	278	252	252	200
L3 物流成本	皮尔逊相关性	0.147 *	0.247 **	0.258 **	1	0.246 **	0.145 *	− 0.003
	Sig.（双尾）	0.014	0.000	0.000		0.000	0.021	0.967
	个案数	278	278	278	278	252	252	200
M1 销售增长率	皮尔逊相关性	0.026	0.279 **	0.289 **	0.246 **	1	0.260 **	0.048
	Sig.（双尾）	0.684	0.000	0.000	0.000		0.000	0.498
	个案数	252	252	252	252	252	252	200
M2 市场份额	皮尔逊相关性	− 0.086	0.125 *	0.119	0.145 *	0.260 **	1	0.097
	Sig.（双尾）	0.174	0.047	0.060	0.021	0.000		0.172
	个案数	252	252	252	252	252	252	200
M3 市场响应	皮尔逊相关性	0.027	0.084	− 0.001	− 0.003	0.048	0.097	1
	Sig.（双尾）	0.707	0.239	0.990	0.967	0.498	0.172	
	个案数	200	200	200	200	200	200	200

注：* 表示在 5% 的水平上显著，** 表示在 1% 的水平上显著。

通过上述结果可知：

①A4 跨境电商平台的仓储成本与企业财务绩效中平均利润的 Sig. 系数为 0.958，大于 0.05，说明在 95% 的置信水平上没有显著性差异，说明

跨境电商平台仓储成本和平均利润不相关；

②A4 跨境电商平台的仓储成本与企业财务绩效中交易成本的 Sig. 系数为 0.579，大于 0.05，说明在 95% 的置信水平上没有显著性差异，说明跨境电商平台仓储成本和交易成本不相关；

③A4 跨境电商平台的仓储成本与企业财务绩效中物流成本的 Sig. 系数为 0.014，小于 0.05，说明在 95% 的置信水平上有显著性差异，说明跨境电商平台仓储成本和物流成本相关，且为正相关关系；

④A4 跨境电商平台的仓储成本与企业运营绩效中销售增长率的 Sig. 系数为 0.684，大于 0.05，说明在 95% 的置信水平上没有显著性差异，说明跨境电商平台仓储成本和销售增长率不相关；

⑤A4 跨境电商平台的仓储成本与企业运营绩效中市场份额的 Sig. 系数为 0.174，大于 0.05，说明在 95% 的置信水平上没有显著性差异，说明跨境电商平台仓储成本和市场份额不相关；

⑥A4 跨境电商平台的仓储成本与企业运营绩效中市场响应的 Sig. 系数为 0.707，大于 0.05，说明在 95% 的置信水平上没有显著性差异，说明跨境电商平台仓储成本和市场响应不相关。

综上所述，分析跨境电商平台物流成本与企业绩效之间的关系时，有以下结论：

第一，跨境运输的速度和质量与销售增长率呈现相关关系，为正相关；

第二，进出口报关、清关的速度与交易成本呈现相关关系，为正相关；

第三，跨境运输过程中物流信息与企业绩效无相关关系；

第四，海外仓储费用、仓配与分发成本上涨与物流成本呈现相关关系，为正相关。

4.7.3.2 跨境电商平台贸易合规对企业绩效的影响情况

（1）B1 跨境电商平台（盗版行为）与企业绩效相关分析结果如表 4 - 13 所示。

表 4 - 13　　　　　　　　　　　B1 与企业绩效相关分析结果

	项目	B1 盗版行为	L1 平均利润	L2 交易成本	L3 物流成本	M1 销售增长率	M2 市场份额	M3 市场响应
B1 盗版行为	皮尔逊相关性	1	0.013	- 0.039	0.150 *	- 0.099	- 0.079	0.026
	Sig.（双尾）		0.828	0.522	0.012	0.119	0.213	0.713
	个案数	278	278	278	278	252	252	200
L1 平均利润	皮尔逊相关性	0.013	1	0.248 **	0.247 **	0.279 **	0.125 *	0.084
	Sig.（双尾）	0.828		0.000	0.000	0.000	0.047	0.239
	个案数	278	278	278	278	252	252	200
L2 交易成本	皮尔逊相关性	- 0.039	0.248 **	1	0.258 **	0.289 **	0.119	- 0.001
	Sig.（双尾）	0.522	0.000		0.000	0.000	0.060	0.990
	个案数	278	278	278	278	252	252	200
L3 物流成本	皮尔逊相关性	0.150 *	0.247 **	0.258 **	1	0.246 **	0.145 *	- 0.003
	Sig.（双尾）	0.012	0.000	0.000		0.000	0.021	0.967
	个案数	278	278	278	278	252	252	200
M1 销售增长率	皮尔逊相关性	- 0.099	0.279 **	0.289 **	0.246 **	1	0.260 **	0.048
	Sig.（双尾）	0.119	0.000	0.000	0.000		0.000	0.498
	个案数	252	252	252	252	252	252	200
M2 市场份额	皮尔逊相关性	- 0.079	0.125 *	0.119	0.145 *	0.260 **	1	0.097
	Sig.（双尾）	0.213	0.047	0.060	0.021	0.000		0.172
	个案数	252	252	252	252	252	252	200
M3 市场响应	皮尔逊相关性	0.026	0.084	- 0.001	- 0.003	0.048	0.097	1
	Sig.（双尾）	0.713	0.239	0.990	0.967	0.498	0.172	
	个案数	200	200	200	200	200	200	200

注：* 表示在 5% 的水平上显著，** 表示在 1% 的水平上显著。

根据结果分析可知，B1 与企业绩效的 Sig. 系数分别是 0.828、0.522、0.012、0.119、0.213、0.713。

由此可以得出结论：跨境电商对专利、版权侵权、盗版行为打击程度与物流成本呈现相关关系，且为正相关。

（2）B2 跨境电商平台（夸大宣传）与企业绩效相关分析结果如表 4 - 14 所示。

表 4 - 14　　　　　　　　　**B2 与企业绩效相关分析结果**

项目		B2 夸大宣传	L1 平均利润	L2 交易成本	L3 物流成本	M1 销售增长率	M2 市场份额	M3 市场响应
B2 夸大宣传	皮尔逊相关性	1	- 0.051	0.017	- 0.069	0.094	0.003	- 0.057
	Sig.（双尾）		0.395	0.784	0.255	0.135	0.960	0.420
	个案数	278	278	278	278	252	252	200
L1 平均利润	皮尔逊相关性	- 0.051	1	0.248 **	0.247 **	0.279 **	0.125 *	0.084
	Sig.（双尾）	0.395		0.000	0.000	0.000	0.047	0.239
	个案数	278	278	278	278	252	252	200
L2 交易成本	皮尔逊相关性	0.017	0.248 **	0	0.258 **	0.289 **	0.119	- 0.001
	Sig.（双尾）	0.784	0.000		0.000	0.000	0.060	0.990
	个案数	278	278	278	278	252	252	200
L3 物流成本	皮尔逊相关性	- 0.069	0.247 **	0.258 **	1	0.246 **	0.145 *	- 0.003
	Sig.（双尾）	0.255	0.000	0.000		0.000	0.021	0.967
	个案数	278	278	278	278	252	252	200
M1 销售增长率	皮尔逊相关性	0.094	0.279 **	0.289 **	0.246 **	1	0.260 **	0.048
	Sig.（双尾）	0.135	0.000	0.000	0.000		0.000	0.498
	个案数	252	252	252	252	252	252	200
M2 市场份额	皮尔逊相关性	0.003	0.125 *	0.119	0.145 *	0.260 **	1	0.097
	Sig.（双尾）	0.960	0.047	0.060	0.021	0.000		0.172
	个案数	252	252	252	252	252	252	200
M3 市场响应	皮尔逊相关性	- 0.057	0.084	- 0.001	- 0.003	0.048	0.097	1
	Sig.（双尾）	0.420	0.239	0.990	0.967	0.498	0.172	
	个案数	200	200	200	200	200	200	200

注：* 表示在 5% 的水平上显著，** 表示在 1% 的水平上显著。

　　根据结果分析可知，B2 与企业绩效的 Sig. 系数分别是 0.395、0.784、0.255、0.135、0.960、0.420。

　　由此可以得出结论：跨境电商对同平台内恶性竞争、虚假刷单、夸大宣传的行为打击程度与企业绩效没有呈现显著的相关关系。

　　（3）B3 跨境电商平台（规范环境）与企业绩效相关分析结果如表 4 - 15 所示。

表 4 - 15　　　　　　　　　　B3 与企业绩效相关分析结果

项目		B3 规范环境	L1 平均利润	L2 交易成本	L3 物流成本	M1 销售增长率	M2 市场份额	M3 市场响应
B3 规范环境	皮尔逊相关性	1	- 0.017	0.012	- 0.039	- 0.041	0.019	- 0.117
	Sig.（双尾）		0.778	0.840	0.520	0.522	0.768	0.100
	个案数	278	278	278	278	252	252	200
L1 平均利润	皮尔逊相关性	- 0.017	1	0.248 **	0.247 **	0.279 **	0.125 *	0.084
	Sig.（双尾）	0.778		0.000	0.000	0.000	0.047	0.239
	个案数	278	278	278	278	252	252	200
L2 交易成本	皮尔逊相关性	0.012	0.248 **	1	0.258 **	0.289 **	0.119	- 0.001
	Sig.（双尾）	0.840	0.000		0.000	0.000	0.060	0.990
	个案数	278	278	278	278	252	252	200
L3 物流成本	皮尔逊相关性	- 0.039	0.247 **	0.258 **	1	0.246 **	0.145 *	- 0.003
	Sig.（双尾）	0.520	0.000	0.000		0.000	0.021	0.967
	个案数	278	278	278	278	252	252	200
M1 销售增长率	皮尔逊相关性	- 0.041	0.279 **	0.289 **	0.246 **	1	0.260 **	0.048
	Sig.（双尾）	0.522	0.000	0.000	0.000		0.000	0.498
	个案数	252	252	252	252	252	252	200
M2 市场份额	皮尔逊相关性	0.019	0.125 *	0.119	0.145 *	0.260 **	1	0.097
	Sig.（双尾）	0.768	0.047	0.060	0.021	0.000		0.172
	个案数	252	252	252	252	252	252	200
M3 市场响应	皮尔逊相关性	- 0.117	0.084	- 0.001	- 0.003	0.048	0.097	1
	Sig.（双尾）	0.100	0.239	0.990	0.967	0.498	0.172	
	个案数	200	200	200	200	200	200	200

注：＊表示在 5% 的水平上显著，＊＊表示在 1% 的水平上显著。

根据结果分析可知，B3 与企业绩效的 Sig. 系数分别是 0.778、0.840、0.520、0.522、0.768、0.100。

由此可以得出结论：跨境电商对主动规范市场，创造良性商业环境的程度与企业绩效没有呈现显著的相关关系。

综上所述，分析跨境电商平台贸易合规与企业绩效之间的关系时，得出以下结论：跨境电商对专利、版权侵权、盗版行为打击程度与物流成本呈现相关关系，且为正相关。

4.7.3.3 跨境电商平台金融服务对企业绩效的影响情况

（1）C1 跨境电商平台（便捷支付）与企业绩效相关分析结果如表 4 - 16 所示。

表 4 - 16　　　　　　　C1 与企业绩效相关分析结果

项目		C1 便捷支付	L1 平均利润	L2 交易成本	L3 物流成本	M1 销售增长率	M2 市场份额	M3 市场响应
C1 便捷支付	皮尔逊相关性	1	0.029	0.033	0.087	0.053	- 0.173 **	- 0.099
	Sig.（双尾）		0.630	0.588	0.147	0.404	0.006	0.163
	个案数	278	278	278	278	252	252	200
L1 平均利润	皮尔逊相关性	0.029	1	0.248 **	0.247 **	0.279 **	0.125 *	0.084
	Sig.（双尾）	0.630		0.000	0.000	0.000	0.047	0.239
	个案数	278	278	278	278	252	252	200
L2 交易成本	皮尔逊相关性	0.033	0.248 **	1	0.258 **	0.289 **	0.119	- 0.001
	Sig.（双尾）	0.588	0.000		0.000	0.000	0.060	0.990
	个案数	278	278	278	278	252	252	200
L3 物流成本	皮尔逊相关性	0.087	0.247 **	0.258 **	1	0.246 **	0.145 *	- 0.003
	Sig.（双尾）	0.147	0.000	0.000		0.000	0.021	0.967
	个案数	278	278	278	278	252	252	200
M1 销售增长率	皮尔逊相关性	0.053	0.279 **	0.289 **	0.246 **	1	0.260 **	0.048
	Sig.（双尾）	0.404	0.000	0.000	0.000		0.000	0.498
	个案数	252	252	252	252	252	252	200
M2 市场份额	皮尔逊相关性	- 0.173 **	0.125 *	0.119	0.145 *	0.260 **	1	0.097
	Sig.（双尾）	0.006	0.047	0.060	0.021	0.000		0.172
	个案数	252	252	252	252	252	252	200
M3 市场响应	皮尔逊相关性	- 0.099	0.084	- 0.001	- 0.003	0.048	0.097	1
	Sig.（双尾）	0.163	0.239	0.990	0.967	0.498	0.172	
	个案数	200	200	200	200	200	200	200

注：* 表示在 5% 的水平上显著，** 表示在 1% 的水平上显著。

根据结果分析可知，C1 与企业绩效的 Sig. 系数分别是 0.630、0.588、0.147、0.404、0.006、0.163。

由此可以得出结论：跨境电商拥有的便捷的电子支付和兼容的第三方

支付，与市场份额呈现显著的相关关系，且为负相关。

（2）C2 跨境电商平台（关税流程）与企业绩效相关分析结果如表 4 - 17 所示。

表 4 - 17　　　　　　　　　C2 与企业绩效相关分析结果

	项目	C2 关税流程	L1 平均利润	L2 交易成本	L3 物流成本	M1 销售增长率	M2 市场份额	M3 市场响应
C2 关税流程	皮尔逊相关性	1	- 0.112	- 0.018	- 0.089	- 0.115	- 0.005	0.086
	Sig.（双尾）		0.062	0.768	0.139	0.068	0.935	0.228
	个案数	278	278	278	278	252	252	200
L1 平均利润	皮尔逊相关性	- 0.112	1	0.248 **	0.247 **	0.279 **	0.125 *	0.084
	Sig.（双尾）	0.062		0.000	0.000	0.000	0.047	0.239
	个案数	278	278	278	278	252	252	200
L2 交易成本	皮尔逊相关性	- 0.018	0.248 **	1	0.258 **	0.289 **	0.119	- 0.001
	Sig.（双尾）	0.768	0.000		0.000	0.000	0.060	0.990
	个案数	278	278	278	278	252	252	200
L3 物流成本	皮尔逊相关性	- 0.089	0.247 **	0.258 **	1	0.246 **	0.145 *	- 0.003
	Sig.（双尾）	0.139	0.000	0.000		0.000	0.021	0.967
	个案数	278	278	278	278	252	252	200
M1 销售增长率	皮尔逊相关性	- 0.115	0.279 **	0.289 **	0.246 **	1	0.260 **	0.048
	Sig.（双尾）	0.068	0.000	0.000	0.000		0.000	0.498
	个案数	252	252	252	252	252	252	200
M2 市场份额	皮尔逊相关性	- 0.005	0.125 *	0.119	0.145 *	0.260 **	1	0.097
	Sig.（双尾）	0.935	0.047	0.060	0.021	0.000		0.172
	个案数	252	252	252	252	252	252	200
M3 市场响应	皮尔逊相关性	0.086	0.084	- 0.001	- 0.003	0.048	0.097	1
	Sig.（双尾）	0.228	0.239	0.990	0.967	0.498	0.172	
	个案数	200	200	20	200	200	200	200

注：* 表示在 5% 的水平上显著，** 表示在 1% 的水平上显著。

根据结果分析可知，C2 与企业绩效的 Sig. 系数分别是 0.062、0.768、0.139、0.068、0.935、0.228。

由此可以得出结论：跨境电商简便的关税流程与企业绩效呈现显著的相关关系。

（3）C3 跨境电商平台（抽成比例）与企业绩效相关分析结果如表 4 - 18 所示。

表 4 - 18　　　　　　　C3 与企业绩效相关分析结果

项目		C3 抽成比例	L1 平均利润	L2 交易成本	L3 物流成本	M1 销售增长率	M2 市场份额	M3 市场响应
C3 抽成比例	皮尔逊相关性	1	0.006	0.032	0.085	0.131 *	0.183 **	0.000
	Sig.（双尾）		0.921	0.598	0.159	0.038	0.003	1.000
	个案数	278	278	278	278	252	252	200
L1 平均利润	皮尔逊相关性	0.006	1	0.248 **	0.247 **	0.279 **	0.125 *	0.084
	Sig.（双尾）	0.921		0.000	0.000	0.000	0.047	0.239
	个案数	278	278	278	278	252	252	200
L2 交易成本	皮尔逊相关性	0.032	0.248 **	1	0.258 **	0.289 **	0.119	-0.001
	Sig.（双尾）	0.598	0.000		0.000	0.000	0.060	0.990
	个案数	278	278	278	278	252	252	200
L3 物流成本	皮尔逊相关性	0.085	0.247 **	0.258 **	1	0.246	0.145 *	-0.003
	Sig.（双尾）	0.159	0.000	0.000		0.000	0.021	0.967
	个案数	278	278	278	278	252	252	200
M1 销售增长率	皮尔逊相关性	0.131 *	0.279 **	0.289 **	0.246 **	1	0.260 **	0.048
	Sig.（双尾）	0.038	0.000	0.000	0.000		0.000	0.498
	个案数	252	252	252	252	252	252	200
M2 市场份额	皮尔逊相关性	0.183 **	0.125 *	0.119	0.145 *	0.260 **	1	0.097
	Sig.（双尾）	0.003	0.047	0.060	0.021	0.000		0.172
	个案数	252	252	252	252	252	252	200
M3 市场响应	皮尔逊相关性	0.000	0.084	-0.001	-0.003	0.048	0.097	1
	Sig.（双尾）	1.000	0.239	0.990	0.967	0.498	0.172	
	个案数	200	200	200	200	200	200	200

注：* 表示在 5% 的水平上显著，** 表示在 1% 的水平上显著。

根据结果分析可知，C3 与企业绩效的 Sig. 系数分别是 0.921、0.598、0.159、0.038、0.003、1.000。

由此可以得出结论：跨境电商平台的抽成比例与销售增长率、市场份额有显著的相关关系，且皆为正相关。

（4）C4 跨境电商平台（结汇方式）与企业绩效相关分析结果如表 4 - 19 所示。

表 4 - 19 　　　　　　　　　C4 与企业绩效相关分析结果

	项目	C4 结汇方式	L1 平均利润	L2 交易成本	L3 物流成本	M1 销售增长率	M2 市场份额	M3 市场响应
C4 结汇方式	皮尔逊相关性	1	0.166 **	0.029	0.010	0.003	0.082	0.080
	Sig.（双尾）		0.006	0.629	0.872	0.960	0.195	0.259
	个案数	278	278	278	278	252	252	200
L1 平均利润	皮尔逊相关性	0.166 **	1	0.248 **	0.247 **	0.279 **	0.125 *	0.084
	Sig.（双尾）	0.006		0.000	0.000	0.000	0.047	0.239
	个案数	278	278	278	278	252	252	200
L2 交易成本	皮尔逊相关性	0.029	0.248 **	1	0.258 **	0.289 **	0.119	- 0.001
	Sig.（双尾）	0.629	0.000		0.000	0.000	0.060	0.990
	个案数	278	278	278	278	252	252	200
L3 物流成本	皮尔逊相关性	0.010	0.247 **	0.258 **	1	0.246 **	0.145 *	- 0.003
	Sig.（双尾）	0.872	0.000	0.000		0.000	0.021	0.967
	个案数	278	278	278	278	252	252	200
M1 销售增长率	皮尔逊相关性	0.003	0.279 **	0.289 **	0.246 **	1	0.260 **	0.048
	Sig.（双尾）	0.960	0.000	0.000	0.000		0.000	0.498
	个案数	252	252	252	252	252	252	200
M2 市场份额	皮尔逊相关性	0.082	0.125 *	0.119	0.145 *	0.260 **	1	0.097
	Sig.（双尾）	0.195	0.047	0.060	0.021	0.000		0.172
	个案数	252	252	252	252	252	252	200
M3 市场响应	皮尔逊相关性	0.080	0.084	- 0.001	- 0.003	0.048	0.097	1
	Sig.（双尾）	0.259	0.239	0.990	0.967	0.498	0.172	
	个案数	200	200	200	200	200	200	200

注：* 表示在 5% 的水平上显著，** 表示在 1% 的水平上显著。

根据结果分析可知，C4 与企业绩效的 Sig. 系数分别是 0.006、0.629、0.872、0.960、0.195、0.259。

由此可以得出结论：跨境电商平台多样、简便的结汇方式与平均利润呈现显著的相关关系，且为正相关。

综上所述，分析跨境电商平台金融服务与企业绩效之间的关系时，得出以下结论：

第一，跨境电商拥有的便捷的电子支付和兼容的第三方支付，与市场份额呈现显著的相关关系，且为负相关；

第二，跨境电商平台的抽成比例与销售增长率、市场份额有显著的相关关系，且皆为正相关；

第三，跨境电商平台多样、简便的结汇方式与平均利润呈现显著的相关关系，且为正相关。

4.7.3.4 跨境电商平台信息整合对企业绩效的影响情况

（1）D1 跨境电商平台（寻找货源）与企业绩效相关分析结果如表 4−20 所示。

表 4−20　　　　　　　　**D1 与企业绩效相关分析结果**

项目		D1 寻找货源	L1 平均利润	L2 交易成本	L3 物流成本	M1 销售增长率	M2 市场份额	M3 市场响应
D1 寻找货源	皮尔逊相关性	1	0.063	−0.017	0.117	−0.007	−0.014	−0.007
	Sig.（双尾）		0.297	0.776	0.051	0.911	0.825	0.920
	个案数	278	278	278	278	252	252	200
L1 平均利润	皮尔逊相关性	0.063	1	0.248**	0.247**	0.279**	0.125*	0.084
	Sig.（双尾）	0.297		0.000	0.000	0.000	0.047	0.239
	个案数	278	278	278	278	252	252	200
L2 交易成本	皮尔逊相关性	−0.017	0.248**	1	0.258**	0.289**	0.119	−0.001
	Sig.（双尾）	0.776	0.000		0.000	0.000	0.060	0.990
	个案数	278	278	278	278	252	252	200
L3 物流成本	皮尔逊相关性	0.117	0.247**	0.258**	1	0.246**	0.145*	−0.003
	Sig.（双尾）	0.051	0.000	0.000		0.000	0.021	0.967
	个案数	278	278	278	278	252	252	200
M1 销售增长率	皮尔逊相关性	−0.007	0.279**	0.289**	0.246**	1	0.260**	0.048
	Sig.（双尾）	0.911	0.000	0.000	0.000		0.000	0.498
	个案数	252	252	252	252	252	252	200
M2 市场份额	皮尔逊相关性	−0.014	0.125*	0.119	0.145*	0.260**	1	0.097
	Sig.（双尾）	0.825	0.047	0.060	0.021	0.000		0.172
	个案数	252	252	252	252	252	252	200

项目		D1 寻找货源	L1 平均利润	L2 交易成本	L3 物流成本	M1 销售增长率	M2 市场份额	M3 市场响应
M3 市场响应	皮尔逊相关性	-0.007	0.084	-0.001	-0.003	0.048	0.097	1
	Sig.（双尾）	0.920	0.239	0.990	0.967	0.498	0.172	
	个案数	200	200	200	200	200	200	200

注：＊表示在5%的水平上显著，＊＊表示在1%的水平上显著。

根据结果分析可知，D1 与企业绩效的 Sig. 系数分别是 0.297、0.776、0.051、0.911、0.825、0.920。

由此可以得出结论：跨境电商平台推荐优质的供货商、制造商，可降低企业寻找货源难度、信息匹配难度和交易复杂度，其与企业绩效无显著相关关系。

（2）D2 跨境电商平台（客户信息）与企业绩效相关分析结果如表 4 - 21 所示。

表 4 - 21　　　　　　　D2 与企业绩效相关分析结果

项目		D2 客户信息	L1 平均利润	L2 交易成本	L3 物流成本	M1 销售增长率	M2 市场份额	M3 市场响应
D2 客户信息	皮尔逊相关性	1	0.030	-0.024	0.067	-0.141 *	-0.106	0.103
	Sig.（双尾）		0.623	0.694	0.265	0.025	0.092	0.147
	个案数	278	278	278	278	252	252	200
L1 平均利润	皮尔逊相关性	0.030	1	0.248 **	0.247 **	0.279 **	0.125 *	0.084
	Sig.（双尾）	0.623		0.000	0.000	0.000	0.047	0.239
	个案数	278	278	278	278	252	252	200
L2 交易成本	皮尔逊相关性	-0.024	0.248 **	1	0.258 **	0.289 **	0.119	-0.001
	Sig.（双尾）	0.694	0.000		0.000	0.000	0.060	0.990
	个案数	278	278	278	278	252	252	200
L3 物流成本	皮尔逊相关性	0.067	0.247 **	0.258 **	1	0.246	0.145 *	-0.003
	Sig.（双尾）	0.265	0.000	0.000		0.000	0.021	0.967
	个案数	278	278	278	278	252	252	200

续表

项目		D2 客户信息	L1 平均利润	L2 交易成本	L3 物流成本	M1 销售增长率	M2 市场份额	M3 市场响应
M1 销售增长率	皮尔逊相关性	− 0.141 *	0.279 **	0.289 **	0.246 **	1	0.260 **	0.048
	Sig.（双尾）	0.025	0.000	0.000	0.000		0.000	0.498
	个案数	252	252	252	252	252	252	200
M2 市场份额	皮尔逊相关性	− 0.106	0.125 *	0.119	0.145 *	0.260 **	1	0.097
	Sig.（双尾）	0.092	0.047	0.060	0.021	0.000		0.172
	个案数	252	252	252	252	252	252	200
M3 市场响应	皮尔逊相关性	0.103	0.084	− 0.001	− 0.003	0.048	0.097	1
	Sig.（双尾）	0.147	0.239	0.990	0.967	0.498	0.172	
	个案数	200	200	200	200	200	200	200

注：* 表示在 5% 的水平上显著，** 表示在 1% 的水平上显著。

根据结果分析可知，D2 与企业绩效的 Sig. 系数分别是 0.623、0.694、0.265、0.025、0.092、0.147。

由此可以得出结论：跨境电商平台提供跨境客户的需求，共享客户信息，解决双方信息不对称问题，其与销售增长率有显著相关关系，且为正相关关系。

（3）D3 跨境电商平台（衍生服务）与企业绩效相关分析结果如表 4 – 22 所示。

表 4 – 22　　　　　　　　　D3 与企业绩效相关分析结果

项目		D3 衍生服务	L1 平均利润	L2 交易成本	L3 物流成本	M1 销售增长率	M2 市场份额	M3 市场响应
D3 衍生服务	皮尔逊相关性	1	− 0.032	0.030	− 0.075	− 0.049	0.010	− 0.050
	Sig.（双尾）		0.590	0.613	0.210	0.443	0.870	0.486
	个案数	278	278	278	278	252	252	200
L1 平均利润	皮尔逊相关性	− 0.032	1	0.248 **	0.247 **	0.279 **	0.125 *	0.084
	Sig.（双尾）	0.590		0.000	0.000	0.000	0.047	0.239
	个案数	278	278	278	278	252	252	200

项目		D3 衍生服务	L1 平均利润	L2 交易成本	L3 物流成本	M1 销售增长率	M2 市场份额	M3 市场响应
L2 交易成本	皮尔逊相关性	0.030	0.248 **	1	0.258 **	0.289 **	0.119	−0.001
	Sig.（双尾）	0.613	0.000		0.000	0.000	0.060	0.990
	个案数	278	278	278	278	252	252	200
L3 物流成本	皮尔逊相关性	−0.075	0.247 **	0.258 **	1	0.246 **	0.145 *	−0.003
	Sig.（双尾）	0.210	0.000	0.000		0.000	0.021	0.967
	个案数	278	278	278	278	252	252	200
M1 销售增长率	皮尔逊相关性	−0.049	0.279 **	0.289 **	0.246 **	1	0.260	0.048
	Sig.（双尾）	0.443	0.000	0.000	0.000		0.000	0.498
	个案数	252	252	252	252	252	252	200
M2 市场份额	皮尔逊相关性	0.010	0.125 *	0.119	0.145 *	0.260 **	1	0.097
	Sig.（双尾）	0.870	0.047	0.060	0.021	0.000		0.172
	个案数	252	252	252	252	252	252	200
M3 市场响应	皮尔逊相关性	−0.050	0.084	−0.001	−0.003	0.048	0.097	1
	Sig.（双尾）	0.486	0.239	0.990	0.967	0.498	0.172	
	个案数	200	200	200	200	200	200	200

注：* 表示在 5% 的水平上显著，** 表示在 1% 的水平上显著。

根据结果分析可知，D3 与企业绩效的 Sig. 系数分别是 0.590、0.613、0.210、0.443、0.870、0.486。

由此可以得出结论：跨境电商平台在不同的环节有优质的衍生服务商推荐或合作，以提高企业交易效率和交易质量，其与企业绩效无显著相关关系。

综上所述，分析跨境电商平台信息整合与企业绩效之间的关系时，得出以下结论：跨境电商平台提供跨境客户的需求，共享客户信息，解决双方信息不对称问题，其与销售增长率有显著相关关系，且为正相关关系。

4.7.3.5　跨境电商平台营销成本对企业绩效的影响情况

（1）E1 跨境电商平台（推广成本）与企业绩效相关分析结果如表 4−23 所示。

表 4-23　　　　　　　　　E1 与企业绩效相关分析结果

项目		E1 推广成本	L1 平均利润	L2 交易成本	L3 物流成本	M1 销售增长率	M2 市场份额	M3 市场响应
E1 推广成本	皮尔逊相关性	1	-0.032	-0.162**	0.049	-0.016	-0.113	-0.012
	Sig.（双尾）		0.596	0.007	0.414	0.796	0.074	0.866
	个案数	278	278	278	278	252	252	200
L1 平均利润	皮尔逊相关性	-0.032	1	0.248**	0.247**	0.279**	0.125*	0.084
	Sig.（双尾）	0.596		0.000	0.000	0.000	0.047	0.239
	个案数	278	278	278	278	252	252	200
L2 交易成本	皮尔逊相关性	-0.162**	0.248**	1	0.258**	0.289**	0.119	-0.001
	Sig.（双尾）	0.007	0.000		0.000	0.000	0.060	0.990
	个案数	278	278	278	278	252	252	200
L3 物流成本	皮尔逊相关性	0.049	0.247**	0.258**	1	0.246**	0.145*	-0.003
	Sig.（双尾）	0.414	0.000	0.000		0.000	0.021	0.967
	个案数	278	278	278	278	252	252	200
M1 销售增长率	皮尔逊相关性	-0.016	0.279**	0.289**	0.246**	1	0.260**	0.048
	Sig.（双尾）	0.796	0.000	0.000	0.000		0.000	0.498
	个案数	252	252	252	252	252	252	200
M2 市场份额	皮尔逊相关性	-0.113	0.125*	0.119	0.145*	0.260**	1	0.097
	Sig.（双尾）	0.074	0.047	0.060	0.021	0.000		0.172
	个案数	252	252	252	252	252	252	200
M3 市场响应	皮尔逊相关性	-0.012	0.084	-0.001	-0.003	0.048	0.097	1
	Sig.（双尾）	0.866	0.239	0.990	0.967	0.498	0.172	
	个案数	200	200	200	200	200	200	200

注：* 表示在 5% 的水平上显著，** 表示在 1% 的水平上显著。

根据结果分析可知，E1 与企业绩效的 Sig. 系数分别是 0.596、0.007、0.414、0.796、0.074、0.866。

由此可以得出结论：跨境电商平台开拓新市场推荐新产品时的推广营销成本与交易成本有显著的负相关关系。

（2）E2 跨境电商平台（便捷翻译）与企业绩效相关分析结果如表 4-24 所示。

表 4 – 24　　　　　　　　　　　**E2 与企业绩效相关分析结果**

项目		E2 便捷翻译	L1 平均利润	L2 交易成本	L3 物流成本	M1 销售增长率	M2 市场份额	M3 市场响应
E2 便捷翻译	皮尔逊相关性	1	– 0.008	– 0.189 **	0.022	– 0.088	– 0.013	– 0.015
	Sig.（双尾）		0.888	0.002	0.709	0.166	0.836	0.836
	个案数	278	278	278	278	252	252	200
L1 平均利润	皮尔逊相关性	– 0.008	1	0.248 **	0.247 **	0.279 **	0.125 *	0.084
	Sig.（双尾）	0.888		0.000	0.000	0.000	0.047	0.239
	个案数	278	278	278	278	252	252	200
L2 交易成本	皮尔逊相关性	– 0.189 **	0.248 **	1	0.258 **	0.289 **	0.119	– 0.001
	Sig.（双尾）	0.002	0.000		0.000	0.000	0.060	0.990
	个案数	278	278	278	278	252	252	200
L3 物流成本	皮尔逊相关性	0.022	0.247 **	0.258 **	1	0.246 **	0.145 *	– 0.003
	Sig.（双尾）	0.709	0.000	0.000		0.000	0.021	0.967
	个案数	278	278	278	278	252	252	200
M1 销售增长率	皮尔逊相关性	– 0.088	0.279 **	0.289 **	0.246 **	1	0.260 **	0.048
	Sig.（双尾）	0.166	0.000	0.000	0.000		0.000	0.498
	个案数	252	252	252	252	252	252	200
M2 市场份额	皮尔逊相关性	– 0.013	– 0.125 *	0.119	0.145 *	0.260 **	1	0.097
	Sig.（双尾）	0.836	0.047	0.060	0.021	0.000		0.172
	个案数	252	252	252	252	252	252	200
M3 市场响应	皮尔逊相关性	– 0.015	0.084	– 0.001	– 0.003	0.048	0.097	1
	Sig.（双尾）	0.836	0.239	0.990	0.967	0.498	0.172	
	个案数	200	200	200	200	200	200	200

注：* 表示在 5% 的水平上显著，** 表示在 1% 的水平上显著。

根据结果分析可知，E2 与企业绩效的 Sig. 系数分别是 0.888、0.002、0.709、0.166、0.836、0.836。

由此可以得出结论：跨境电商平台免费翻译和针对小语种市场的便捷程度与交易成本有显著的负相关关系。

（3）E3 跨境电商平台（流量分配）与企业绩效相关分析结果如表 4 – 25 所示。

表 4 – 25　　　　　　　　　　E3 与企业绩效相关分析结果

项目		E3 流量分配	L1 平均利润	L2 交易成本	L3 物流成本	M1 销售增长率	M2 市场份额	M3 市场响应
E3 流量分配	皮尔逊相关性	1	0.017	– 0.002	– 0.021	0.003	0.032	– 0.094
	Sig.（双尾）		0.782	0.970	0.726	0.956	0.617	0.188
	个案数	278	278	278	278	252	252	200
L1 平均利润	皮尔逊相关性	0.017	1	0.248 **	0.247 **	0.279 **	0.125 *	0.084
	Sig.（双尾）	0.782		0.000	0.000	0.000	0.047	0.239
	个案数	278	278	278	278	252	252	200
L2 交易成本	皮尔逊相关性	– 0.002	0.248 **	1	0.258 **	0.289 **	0.119	– 0.001
	Sig.（双尾）	0.970	0.000		0.000	0.000	0.060	0.990
	个案数	278	278	278	278	252	252	200
L3 物流成本	皮尔逊相关性	– 0.021	0.247 **	0.258 **	1	0.246 **	0.145 *	– 0.003
	Sig.（双尾）	0.726	0.000	0.000		0.000	0.021	0.967
	个案数	278	278	278	278	252	252	200
M1 销售增长率	皮尔逊相关性	0.003	0.279 **	0.289 **	0.246 **	1	0.260	0.048
	Sig.（双尾）	0.956	0.000	0.000	0.000		0.000	0.498
	个案数	252	252	252	252	252	252	200
M2 市场份额	皮尔逊相关性	0.032	0.125 *	0.119	0.145 *	0.260 **	1	0.097
	Sig.（双尾）	0.617	0.047	0.060	0.021	0.000		0.172
	个案数	252	252	252	252	252	252	200
M3 市场响应	皮尔逊相关性	– 0.094	0.084	– 0.001	– 0.003	0.048	0.097	1
	Sig.（双尾）	0.188	0.239	0.990	0.967	0.498	0.172	
	个案数	200	200	200	200	200	200	200

注：* 表示在 5% 的水平上显著，** 表示在 1% 的水平上显著。

　　根据结果分析可知，E3 与企业绩效的 Sig. 系数分别是 0.782、0.970、0.726、0.956、0.617、0.188。

　　由此可以得出结论：跨境电商平台流量分配对企业具有公平性、有效性，与平均利润有显著的相关关系，且为正相关关系。

　　（4）E4 跨境电商平台（搜索成本）与企业绩效相关分析结果如表 4 – 26 所示。

表 4 - 26　　　　　　　　　E4 与企业绩效相关分析结果

项目		E4 搜索成本	L1 平均利润	L2 交易成本	L3 物流成本	M1 销售增长率	M2 市场份额	M3 市场响应
E4 搜索成本	皮尔逊相关性	1	- 0.092	- 0.160 **	0.048	0.109	0.131 *	- 0.093
	Sig.（双尾）		0.126	0.007	0.423	0.085	0.038	0.192
	个案数	278	278	278	278	252	252	200
L1 平均利润	皮尔逊相关性	- 0.092	1	0.248 **	0.247 **	0.279 **	0.125 *	0.084
	Sig.（双尾）	0.126		0.000	0.000	0.000	0.047	0.239
	个案数	278	278	278	278	252	252	200
L2 交易成本	皮尔逊相关性	- 0.160 **	0.248 **	1	0.258 **	0.289 **	0.119	- 0.001
	Sig.（双尾）	0.007	0.000		0.000	0.000	0.060	0.990
	个案数	278	278	278	278	252	252	200
L3 物流成本	皮尔逊相关性	0.048	0.247 **	0.258 **	1	0.246 **	0.145 *	- 0.003
	Sig.（双尾）	0.423	0.000	0.000		0.000	0.021	0.967
	个案数	278	278	278	278	252	252	200
M1 销售增长率	皮尔逊相关性	0.109	0.279 **	0.289 **	0.246 **	1	0.260 **	0.048
	Sig.（双尾）	0.085	0.000	0.000	0.000		0.000	0.498
	个案数	252	252	252	252	252	252	200
M2 市场份额	皮尔逊相关性	0.131 *	0.125 *	0.119	0.145 *	0.260 **	1	0.097
	Sig.（双尾）	0.038	0.047	0.060	0.021	0.000		0.172
	个案数	252	252	252	252	252	252	200
M3 市场响应	皮尔逊相关性	- 0.093	0.084	- 0.001	- 0.003	0.048	0.097	1
	Sig.（双尾）	0.192	0.239	0.990	0.967	0.498	0.172	
	个案数	200	200	200	200	200	200	200

注：* 表示在 5% 的水平上显著，** 表示在 1% 的水平上显著。

根据结果分析可知，E4 与企业绩效的 Sig. 系数分别是 0.126、0.007、0.423、0.085、0.038、0.192。

由此可以得出结论：跨境电商平台降低了客户对企业产品的搜索成本和交易成本，与交易成本有显著的负相关关系。

综上所述，分析跨境电商平台营销成本与企业绩效之间的关系时，得出以下结论：

第一，跨境电商平台开拓新市场推荐新产品时的推广营销成本与交易成本有显著的负相关关系；

第二，跨境电商平台免费翻译和针对小语种市场的便捷程度与交易成本有显著的负相关关系；

第三，跨境电商平台流量分配对企业具有公平性、有效性，与平均利润有显著的相关关系，且为正相关关系；

第四，跨境电商平台降低了客户对企业产品的搜索成本和交易成本，与交易成本有显著的负相关关系。

4.7.3.6　供应链敏捷性对企业绩效的影响情况

（1）F1 恢复能力与企业绩效相关分析结果如表 4-27 所示。

表 4-27　　　　　　　　F1 与企业绩效相关分析结果

	项目	F1 恢复能力	L1 平均利润	L2 交易成本	L3 物流成本	M1 销售增长率	M2 市场份额	M3 市场响应
F1 恢复能力	皮尔逊相关性	1	0.096	-0.071	-0.079	0.122	0.056	-0.054
	Sig.（双尾）		0.109	0.240	0.192	0.054	0.375	0.445
	个案数	278	278	278	278	252	252	200
L1 平均利润	皮尔逊相关性	0.096	1	0.248**	0.247**	0.279**	0.125*	0.084
	Sig.（双尾）	0.109		0.000	0.000	0.000	0.047	0.239
	个案数	278	278	278	278	252	252	200
L2 交易成本	皮尔逊相关性	-0.071	0.248**	1	0.258**	0.289**	0.119	-0.001
	Sig.（双尾）	0.240	0.000		0.000	0.000	0.000	0.990
	个案数	278	278	278	278	252	252	200
L3 物流成本	皮尔逊相关性	-0.079	0.247**	0.258**	1	0.246**	0.145*	-0.003
	Sig.（双尾）	0.192	0.000	0.000		0.000	0.021	0.967
	个案数	278	278	278	278	252	252	200
M1 销售增长率	皮尔逊相关性	0.122	0.279**	0.289**	0.246**	1	0.260**	0.048
	Sig.（双尾）	0.054	0.000	0.000	0.000		0.000	0.498
	个案数	252	252	252	252	252	252	200

续表

项目		F1 恢复能力	L1 平均利润	L2 交易成本	L3 物流成本	M1 销售增长率	M2 市场份额	M3 市场响应
M2 市场份额	皮尔逊相关性	0.056	0.125 *	0.119	0.145 *	0.260 **	1	0.097
	Sig.（双尾）	0.375	0.047	0.060	0.021	0.000		0.172
	个案数	252	252	252	252	252	252	200
M3 市场响应	皮尔逊相关性	− 0.054	0.084	− 0.001	− 0.003	0.048	0.097	1
	Sig.（双尾）	0.445	0.239	0.990	0.967	0.498	0.172	
	个案数	200	200	200	200	200	200	200

注：* 表示在 5% 的水平上显著，** 表示在 1% 的水平上显著。

根据结果分析可知，F1 与企业绩效的 Sig. 系数分别是 0.109、0.240、0.192、0.054、0.375、0.445。

由此可以得出结论：供应链在突发事件冲击后能快速恢复到原有水平，其恢复能力与企业绩效没有显著的相关关系。

（2）F2 适应能力与企业绩效相关分析结果如表 4 - 28 所示。

表 4 - 28　　　　　　　　F2 与企业绩效相关分析结果

项目		F2 适应能力	L1 平均利润	L2 交易成本	L3 物流成本	M1 销售增长率	M2 市场份额	M3 市场响应
F2 适应能力	皮尔逊相关性	1	− 0.033	− 0.060	− 0.006	0.067	0.067	0.018
	Sig.（双尾）		0.583	0.316	0.916	0.291	0.288	0.796
	个案数	278	278	278	278	252	252	200
L1 平均利润	皮尔逊相关性	− 0.033	1	0.248 **	0.247 **	0.279 **	0.125 *	0.084
	Sig.（双尾）	0.583		0.000	0.000	0.000	0.047	0.239
	个案数	278	278	278	278	252	252	200
L2 交易成本	皮尔逊相关性	− 0.060	0.248 **	1	0.258 **	0.289 **	0.119	− 0.001
	Sig.（双尾）	0.316	0.000		0.000	0.000	0.060	0.990
	个案数	278	278	278	278	252	252	200
L3 物流成本	皮尔逊相关性	− 0.006	0.247 **	0.258 **	1	0.246 **	0.145 *	− 0.003
	Sig.（双尾）	0.916	0.000	0.000		0.000	0.021	0.967
	个案数	278	278	278	278	252	252	200

续表

项目		F2 适应能力	L1 平均利润	L2 交易成本	L3 物流成本	M1 销售增长率	M2 市场份额	M3 市场响应
M1 销售增长率	皮尔逊相关性	0.067	0.279**	0.289**	0.246**	1	0.260**	0.048
	Sig.（双尾）	0.291	0.000	0.000	0.000		0.000	0.498
	个案数	252	252	252	252	252	252	200
M2 市场份额	皮尔逊相关性	0.067	0.125*	0.119	0.145*	0.260**	1	0.097
	Sig.（双尾）	0.288	0.047	0.060	0.021	0.000		0.172
	个案数	252	252	252	252	252	252	200
M3 市场响应	皮尔逊相关性	0.018	0.084	−0.001	−0.003	0.048	0.097	1
	Sig.（双尾）	0.796	0.239	0.990	0.967	0.498	0.172	
	个案数	200	200	200	200	200	200	200

注：* 表示在 5% 的水平上显著，** 表示在 1% 的水平上显著。

根据结果分析可知，F2 与企业绩效的 Sig. 系数分别是 0.583、0.316、0.916、0.291、0.288、0.796。

由此可以得出结论：供应链根据外界环境的变化快速调整并适应的能力与企业绩效没有显著的相关关系。

（3）F3 调整能力与企业绩效相关分析结果如表 4 - 29 所示。

表 4 - 29　　　　　　　　F3 与企业绩效相关分析结果

项目		F3 调整能力	L1 平均利润	L2 交易成本	L3 物流成本	M1 销售增长率	M2 市场份额	M3 市场响应
F3 调整能力	皮尔逊相关性	1	0.131*	0.008	0.146*	−0.058	0.070	−0.156*
	Sig.（双尾）		0.029	0.894	0.015	0.363	0.271	0.028
	个案数	278	278	278	278	252	252	200
L1 平均利润	皮尔逊相关性	0.131*	1	0.248**	0.247**	0.279**	0.125*	0.084
	Sig.（双尾）	0.029		0.000	0.000	0.000	0.047	0.239
	个案数	278	278	278	278	252	252	200
L2 交易成本	皮尔逊相关性	0.008	0.248**	1	0.258**	0.289**	0.119	−0.001
	Sig.（双尾）	0.894	0.000		0.000	0.000	0.060	0.990
	个案数	278	278	278	278	252	252	200

项目		F3 调整能力	L1 平均利润	L2 交易成本	L3 物流成本	M1 销售增长率	M2 市场份额	M3 市场响应
L3 物流成本	皮尔逊相关性	0.146*	0.247**	0.258**	1	0.246**	0.145*	-0.003
	Sig.（双尾）	0.015	0.000	0.000		0.000	0.021	0.967
	个案数	278	278	278	278	252	252	200
M1 销售增长率	皮尔逊相关性	-0.058	0.279**	0.289**	0.246**	1	0.260**	0.048
	Sig.（双尾）	0.363	0.000	0.000	0.000		0.000	0.498
	个案数	252	252	252	252	252	252	200
M2 市场份额	皮尔逊相关性	0.070	0125*	0.119	0.145*	0.260**	1	0.097
	Sig.（双尾）	0.271	0.047	0.060	0.021	0.000		0.172
	个案数	252	252	252	252	252	252	200
M3 市场响应	皮尔逊相关性	-0.156*	0.084	-0.001	-0.003	0.048	0.097	1
	Sig.（双尾）	0.028	0.239	0.990	0.967	0.498	0.172	
	个案数	200	200	200	200	200	200	200

注：* 表示在 5% 的水平上显著，** 表示在 1% 的水平上显著。

根据结果分析可知，F3 与企业绩效的 Sig. 系数分别是 0.029、0.894、0.015、0.363、0.271、0.028。

由此可以得出结论：供应链在供需不可预测时迅速变换行动方向或调整行动策略的能力与物流成本有显著的相关关系，且为正相关关系。

（4）F4 满足突发需求与企业绩效相关分析结果如表 4-30 所示。

表 4-30　　　　　　　　　F4 与企业绩效相关分析结果

项目		F4 满足突发需求	L1 平均利润	L2 交易成本	L3 物流成本	M1 销售增长率	M2 市场份额	M3 市场响应
F4 满足突发需求	皮尔逊相关性	1	-0.077	-0.016	0.029	0.125*	0.005	-0.017
	Sig.（双尾）		0.198	0.785	0.633	0.048	0.939	0.814
	个案数	278	278	278	278	252	252	200
L1 平均利润	皮尔逊相关性	-0.077	1	0.248**	0.247**	0.279**	0.125*	0.084
	Sig.（双尾）	0.198		0.000	0.000	0.000	0.047	0.239
	个案数	278	278	278	278	252	252	200

续表

项目		F4 满足突发需求	L1 平均利润	L2 交易成本	L3 物流成本	M1 销售增长率	M2 市场份额	M3 市场响应
L2 交易成本	皮尔逊相关性	−0.016	0.248 **	1	0.258 **	0.289 **	0.119	−0.001
	Sig.（双尾）	0.785	0.000		0.000	0.000	0.060	0.990
	个案数	278	278	278	278	252	252	200
L3 物流成本	皮尔逊相关性	0.029	0.247 **	0.258 **	1	0.246 **	0.145 *	−0.003
	Sig.（双尾）	0.633	0.000	0.000		0.000	0.021	0.967
	个案数	278	278	278	278	252	252	200
M1 销售增长率	皮尔逊相关性	0.125 *	0.279 **	0.289 **	0.246 **	1	0.260 **	0.048
	Sig.（双尾）	0.048	0.000	0.000	0.000		0.000	0.498
	个案数	252	252	252	252	252	252	200
M2 市场份额	皮尔逊相关性	0.005	0.125 *	0.119	0.145 *	0.260 **	1	0.097
	Sig.（双尾）	0.939	0.047	0.060	0.021	0.000		0.172
	个案数	252	252	252	252	252	252	200
M3 市场响应	皮尔逊相关性	−0.017	0.084	−0.001	−0.003	0.048	0.097	1
	Sig.（双尾）	0.814	0.239	0.990	0.967	0.498	0.172	
	个案数	200	200	200	200	200	200	200

注：* 表示在 5% 的水平上显著，** 表示在 1% 的水平上显著。

根据结果分析可知，F4 与企业绩效的 Sig. 系数分别是 0.198、0.785、0.633、0.048、0.939、0.814。

由此可以得出结论：供应链的物流能力可以随着市场需求和环境变化迅速调整以满足突发需求的能力，与销售增长率有显著的相关关系，且为正相关关系。

（5）F5 及时交付与企业绩效相关分析结果如表 4-31 所示。

表 4-31   F5 与企业绩效相关分析结果

项目		F5 及时交付	L1 平均利润	L2 交易成本	L3 物流成本	M1 销售增长率	M2 市场份额	M3 市场响应
F5 及时交付	皮尔逊相关性	1	0.027	0.043	0.078	0.065	0.185 **	0.113
	Sig.（双尾）		0.660	0.480	0.194	0.304	0.003	0.110
	个案数	278	278	278	278	252	252	200

续表

项目		F5 及时交付	L1 平均利润	L2 交易成本	L3 物流成本	M1 销售增长率	M2 市场份额	M3 市场响应
L1 平均利润	皮尔逊相关性	0.027	1	0.248 **	0.247 **	0.279 **	0.125 *	0.084
	Sig.（双尾）	0.660		0.000	0.000	0.000	0.047	0.239
	个案数	278	278	278	278	252	252	200
L2 交易成本	皮尔逊相关性	0.043	0.248 **	1	0.258 **	0.289 **	0.119	− 0.001
	Sig.（双尾）	0.480	0.000		0.000	0.000	0.060	0.990
	个案数	278	278	278	278	252	252	200
L3 物流成本	皮尔逊相关性	0.078	0.247 **	0.258 **	1	0.246 **	0.145 *	− 0.003
	Sig.（双尾）	0.194	0.000	0.000		0.000	0.021	0.967
	个案数	278	278	278	278	252	252	200
M1 销售增长率	皮尔逊相关性	0.065	0.279 **	0.289 **	0.246 **	1	0.260 **	0.048
	Sig.（双尾）	0.304	0.000	0.000	0.000		0.000	0.498
	个案数	252	252	252	252	252	252	200
M2 市场份额	皮尔逊相关性	0.185 **	0.125 *	0.119	0.145 *	0.260 **	1	0.097
	Sig.（双尾）	0.003	0.047	0.060	0.021	0.000		0.172
	个案数	252	252	252	252	252	252	200
M3 市场响应	皮尔逊相关性	0.113	0.084	− 0.001	− 0.003	0.048	0.097	1
	Sig.（双尾）	0.110	0.239	0.990	0.967	0.498	0.172	
	个案数	200	200	200	200	200	200	200

注：* 表示在 5% 的水平上显著，** 表示在 1% 的水平上显著。

根据结果分析可知，F5 与企业绩效的 Sig. 系数分别是 0.660、0.480、0.194、0.304、0.003、0.110。

由此可以得出结论：供应链在外界变动干扰下能及时可靠地交付产品或服务的能力与市场份额有显著的相关关系，且为正相关关系。

（6）F6 准确推出与企业绩效相关分析结果如表 4 - 32 所示。

根据结果分析可知，F6 与企业绩效的 Sig. 系数分别是 0.432、0.942、0.314、0.013、0.076、0.216。

表 4 – 32　　　　　　　　　　　**F6 与企业绩效相关分析结果**

	项目	F6 准确推出	L1 平均利润	L2 交易成本	L3 物流成本	M1 销售增长率	M2 市场份额	M3 市场响应
F6 准确推出	皮尔逊相关性	1	– 0.047	– 0.004	– 0.061	0.156 *	0.112	0.088
	Sig.（双尾）		0.432	0.942	0.314	0.013	0.076	0.216
	个案数	278	278	278	278	252	252	200
L1 平均利润	皮尔逊相关性	– 0.047	1	0.248 **	0.247 **	0.279 **	0.125 *	0.084
	Sig.（双尾）	0.432		0.000	0.000	0.000	0.047	0.239
	个案数	278	278	278	278	252	252	200
L2 交易成本	皮尔逊相关性	– 0.004	0.248 **	1	0.258 **	0.289 **	0.119	– 0.001
	Sig.（双尾）	0.942	0.000		0.000	0.000	0.060	0.990
	个案数	278	278	278	278	252	252	200
L3 物流成本	皮尔逊相关性	– 0.061	0.247 **	0.258 **	1	0.246 **	0.145 *	– 0.003
	Sig.（双尾）	0.314	0.000	0.000		0.000	0.021	0.967
	个案数	278	278	278	278	252	252	200
M1 销售增长率	皮尔逊相关性	0.156 *	0.279 **	0.289 **	0.246 **	1	0.260 **	0.048
	Sig.（双尾）	0.013	0.000	0.000	0.000		0.000	0.498
	个案数	252	252	252	252	252	252	200
M2 市场份额	皮尔逊相关性	0.112	0.125 *	0.119	0.145 *	0.260 **	1	0.097
	Sig.（双尾）	0.076	0.047	0.060	0.021	0.000		0.072
	个案数	252	252	252	252	252	252	200
M3 市场响应	皮尔逊相关性	0.088	0.084	– 0.001	– 0.003	0.048	0.097	1
	Sig.（双尾）	0.216	0.239	0.990	0.967	0.498	0.172	
	个案数	200	200	200	200	200	200	200

注：＊表示在 5% 的水平上显著，＊＊表示在 1% 的水平上显著。

由此可以得出结论：供应链面对市场变化能及时准确地推出更适合需求的产品或服务的能力与销售增长率有显著的相关关系，且为正相关关系。

综上所述，分析供应链敏捷性与企业绩效之间的关系时，得出以下结论：

第一，供应链在供需不可预测时迅速变换行动方向或调整行动策略的能力与物流成本有显著的相关关系，且为正相关关系；

第二，供应链的物流能力可以随着市场需求和环境变化迅速调整，以满足突发需求的能力与销售增长率有显著的相关关系，且为正相关关系；

第三，供应链在外界变动干扰下能及时可靠地交付产品或服务的能力与市场份额有显著的相关关系，且为正相关关系；

第四，供应链面对市场变化能及时准确地推出更适合需求的产品或服务的能力与销售增长率有显著的相关关系，且为正相关关系。

4.7.3.7　感知易用性对企业绩效的影响情况

（1）G1 使用平台与企业绩效相关分析结果如表 4 - 33 所示。

表 4 - 33　　　　　　　　　G1 与企业绩效相关分析结果

项目		G1 使用平台	L1 平均利润	L2 交易成本	L3 物流成本	M1 销售增长率	M2 市场份额	M3 市场响应
G1 使用平台	皮尔逊相关性	1	- 0.026	- 0.122 *	0.019	0.007	0.127 *	0.005
	Sig.（双尾）		0.670	0.042	0.747	0.913	0.043	0.944
	个案数	278	278	278	278	252	252	200
L1 平均利润	皮尔逊相关性	- 0.026	1	0.248 **	0.247 **	0.279 **	0.125 *	0.084
	Sig.（双尾）	0.670		0.000	0.000	0.000	0.047	0.239
	个案数	278	278	278	278	252	252	200
L2 交易成本	皮尔逊相关性	- 0.122 *	0.248 **	1	0.258 **	0.289 **	0.119	- 0.001
	Sig.（双尾）	0.042	0.000		0.000	0.000	0.060	0.990
	个案数	278	278	278	278	252	252	200
L3 物流成本	皮尔逊相关性	0.019	0.247 **	0.258 **	1	0.246	0.145 *	- 0.003
	Sig.（双尾）	0.747	0.000	0.000		0.000	0.021	0.967
	个案数	278	278	278	278	252	252	200
M1 销售增长率	皮尔逊相关性	0.007	0.279 **	0.289 **	0.246 **	1	0.260 **	0.048
	Sig.（双尾）	0.913	0.000	0.000	0.000		0.000	0.498
	个案数	252	252	252	252	252	252	200
M2 市场份额	皮尔逊相关性	0.127 *	0.125 *	0.119	0.145 *	0.260 **	1	0.097
	Sig.（双尾）	0.043	0.047	0.060	0.021	0.000		0.172
	个案数	252	252	252	252	252	252	200

项目		G1 使用平台	L1 平均利润	L2 交易成本	L3 物流成本	M1 销售增长率	M2 市场份额	M3 市场响应
M3 市场响应	皮尔逊相关性	0.005	0.084	−0.001	−0.003	0.498	0.097	1
	Sig.（双尾）	0.944	0.239	0.990	0.967	0.498	0.172	
	个案数	200	200	200	200	200	200	200

注：* 表示在5%的水平上显著，** 表示在1%的水平上显著。

根据结果分析可知，G1 与企业绩效的 Sig. 系数分别是 0.670、0.042、0.747、0.913、0.043、0.944。

由此可以得出结论："认为使用线上平台是困难的"与交易成本、市场份额有显著的相关关系，与市场份额为正相关关系，与交易成本为负相关关系。

（2）G2 业务操作与企业绩效相关分析结果如表 4–34 所示。

表 4–34　　　　　　　　G2 与企业绩效相关分析结果

项目		G2 业务操作	L1 平均利润	L2 交易成本	L3 物流成本	M1 销售增长率	M2 市场份额	M3 市场响应
G2 业务操作	皮尔逊相关性	1	−0.065	0.054	0.016	0.069	0.079	0.075
	Sig.（双尾）		0.277	0.368	0.790	0.273	0.213	0.293
	个案数	278	278	278	278	252	252	200
L1 平均利润	皮尔逊相关性	−0.065	1	0.248 **	0.247 **	0.279 **	0.125 *	0.084
	Sig.（双尾）	0.277		0.000	0.000	0.000	0.047	0.239
	个案数	278	278	278	278	252	252	200
L2 交易成本	皮尔逊相关性	0.054	0.248 **	1	0.258 **	0.289 **	0.119	−0.001
	Sig.（双尾）	0.368	0.000		0.000	0.000	0.060	0.990
	个案数	278	278	278	278	252	252	200
L3 物流成本	皮尔逊相关性	0.016	0.247 **	0.258 **	1	0.246 **	0.145 *	−0.003
	Sig.（双尾）	0.790	0.000	0.000		0.000	0.021	0.967
	个案数	278	278	278	278	252	252	200
M1 销售增长率	皮尔逊相关性	0.069	0.279 **	0.289 **	0.246 **	1	0.260 **	0.048
	Sig.（双尾）	0.273	0.000	0.000	0.000		0.000	0.498
	个案数	252	252	252	252	252	252	200

项目		G2 业务操作	L1 平均利润	L2 交易成本	L3 物流成本	M1 销售增长率	M2 市场份额	M3 市场响应
M2 市场份额	皮尔逊相关性	0.079	0.125 *	0.119	0.145 *	0.260 **	1	0.097
	Sig.（双尾）	0.213	0.047	0.060	0.021	0.000		0.172
	个案数	252	252	252	252	252	252	200
M3 市场响应	皮尔逊相关性	0.075	0.084	−0.001	−0.003	0.048	0.097	1
	Sig.（双尾）	0.293	0.239	0.990	0.967	0.498	0.172	
	个案数	200	200	200	200	200	200	200

注：* 表示在 5% 的水平上显著，** 表示在 1% 的水平上显著。

根据结果分析可知，G2 与企业绩效的 Sig. 系数分别是 0.277、0.368、0.790、0.273、0.213、0.293。

由此可以得出结论："认为使用线上平台进行跨境业务操作是很方便的"与企业绩效没有显著的相关关系。

（3）G3 清楚易懂与企业绩效相关分析结果如表 4 – 35 所示。

表 4 – 35　　　　　　　　G3 与企业绩效相关分析结果

项目		G3 清楚易懂	L1 平均利润	L2 交易成本	L3 物流成本	M1 销售增长率	M2 市场份额	M3 市场响应
G3 清楚易懂	皮尔逊相关性	1	−0.067	−0.038	−0.111	−0.012	0.073	0.035
	Sig.（双尾）		0.264	0.533	0.065	0.852	0.248	0.624
	个案数	278	278	278	278	252	252	200
L1 平均利润	皮尔逊相关性	−0.067	1	0.248 **	0.247 **	0.279 **	0.125 *	0.084
	Sig.（双尾）	0.264		0.000	0.000	0.000	0.047	0.239
	个案数	278	278	278	278	252	252	200
L2 交易成本	皮尔逊相关性	−0.038	0.248 **	1	0.258 **	0.289 **	0.119	−0.001
	Sig.（双尾）	0.533	0.000		0.000	0.000	0.060	0.990
	个案数	278	278	278	278	252	252	200
L3 物流成本	皮尔逊相关性	−0.111	0.247 **	0.258 **	1	0.246 **	0.145 *	−0.003
	Sig.（双尾）	0.065	0.000	0.000		0.000	0.021	0.967
	个案数	278	278	278	278	252	252	200

项目		G3 清楚易懂	L1 平均利润	L2 交易成本	L3 物流成本	M1 销售增长率	M2 市场份额	M3 市场响应
M1 销售增长率	皮尔逊相关性	− 0.012	0.279 **	0.289 **	0.246 **	1	0.260 **	0.048
	Sig.（双尾）	0.852	0.000	0.000	0.000		0.000	0.498
	个案数	252	252	252	252	252	252	200
M2 市场份额	皮尔逊相关性	0.073	0.125 *	0.119	0.145 *	0.260 **	1	0.097
	Sig.（双尾）	0.248	0.047	0.060	0.021	0.000		0.172
	个案数	252	252	252	252	252	252	200
M3 市场响应	皮尔逊相关性	0.035	0.084	− 0.001	− 0.003	0.048	0.097	1
	Sig.（双尾）	0.624	0.239	0.990	0.967	0.498	0.172	
	个案数	200	200	200	200	200	200	200

注：* 表示在 5% 的水平上显著，** 表示在 1% 的水平上显著。

根据结果分析可知，G3 与企业绩效的 Sig. 系数分别是 0.264、0.533、0.065、0.852、0.248、0.624。

由此可以得出结论："认为线上平台的使用和操作规则是清楚易懂的"与企业绩效没有显著的相关关系。

综上所述，分析感知易用性与企业绩效之间的关系时，得出以下结论："认为使用线上平台是困难的"与交易成本、市场份额有显著的相关关系，与市场份额为正相关关系，与交易成本为负相关关系。

4.7.3.8　环境动态性对企业绩效的影响情况

（1）H1 供需波动与企业绩效相关分析结果如表 4 - 36 所示。

表 4 - 36　　　　　　　　H1 与企业绩效相关分析结果

项目		H1 供需波动	L1 平均利润	L2 交易成本	L3 物流成本	M1 销售增长率	M2 市场份额	M3 市场响应
H1 供需波动	皮尔逊相关性	1	0.051	− 0.094	0.042	0.058	0.055	− 0.083
	Sig.（双尾）		0.399	0.117	0.483	0.363	0.384	0.242
	个案数	278	278	278	278	252	252	200

项目		H1 供需波动	L1 平均利润	L2 交易成本	L3 物流成本	M1 销售增长率	M2 市场份额	M3 市场响应
L1 平均利润	皮尔逊相关性	0.051	1	0.248 **	0.247 **	0.279 **	0.125 *	0.084
	Sig.（双尾）	0.399		0.000	0.000	0.000	0.047	0.239
	个案数	278	278	278	278	252	252	200
L2 交易成本	皮尔逊相关性	-0.094	0.248 **	1	0.258 **	0.289 **	0.119	-0.001
	Sig.（双尾）	0.117	0.000		0.000	0.000	0.060	0.990
	个案数	278	278	278	278	252	252	200
L3 物流成本	皮尔逊相关性	0.042	0.247 **	0.258 **	1	0.246 **	0.145 *	-0.003
	Sig.（双尾）	0.483	0.000	0.000		0.000	0.021	0.967
	个案数	278	278	278	278	252	252	200
M1 销售增长率	皮尔逊相关性	0.058	0.279 **	0.289 **	0.246 **	1	0.260 **	0.048
	Sig.（双尾）	0.363	0.000	0.000	0.000		0.000	0.498
	个案数	252	252	252	252	252	252	200
M2 市场份额	皮尔逊相关性	0.055	0.125 *	0.119	0.145 *	0.260 **	1	0.097
	Sig.（双尾）	0.384	0.047	0.060	0.021	0.000		0.172
	个案数	252	252	252	252	252	252	200
M3 市场响应	皮尔逊相关性	-0.083	0.084	-0.001	-0.003	0.048	0.097	1
	Sig.（双尾）	0.242	0.239	0.990	0.967	0.498	0.172	
	个案数	200	200	200	200	200	200	200

注：* 表示在 5% 的水平上显著，** 表示在 1% 的水平上显著。

根据结果分析可知，H1 与企业绩效的 Sig. 系数分别是 0.399、0.117、0.483、0.363、0.384、0.242。

由此可以得出结论：上下游的供需信息不对称导致一段时间内的供需波动，与企业绩效没有显著的相关关系。

（2）H2 位势波动与企业绩效相关分析结果如表 4-37 所示。

根据结果分析可知，H2 与企业绩效的 Sig. 系数分别是 0.018、0.349、0.442、0.098、0.056、0.411。

表 4 – 37　　　　　　　　　H2 与企业绩效相关分析结果

项目		H2 位势波动	L1 平均利润	L2 交易成本	L3 物流成本	M1 销售增长率	M2 市场份额	M3 市场响应
H2 位势波动	皮尔逊相关性	1	0.142*	-0.056	-0.046	0.105	0.120	-0.059
	Sig.（双尾）		0.018	0.349	0.442	0.098	0.056	0.411
	个案数	278	278	278	278	252	252	200
L1 平均利润	皮尔逊相关性	0.142*	1	0.248**	0.247**	0.279**	0.125*	0.084
	Sig.（双尾）	0.018		0.000	0.000	0.000	0.047	0.239
	个案数	278	278	278	278	252	252	200
L2 交易成本	皮尔逊相关性	-0.056	0.248**	1	0.258**	0.289**	0.119	-0.001
	Sig.（双尾）	0.349	0.000		0.000	0.000	0.060	0.990
	个案数	278	278	278	278	252	252	200
L3 物流成本	皮尔逊相关性	-0.046	0.247**	0.258**	1	0.246**	0.145*	-0.003
	Sig.（双尾）	0.442	0.000	0.000		0.000	0.021	0.967
	个案数	278	278	278	278	252	252	200
M1 销售增长率	皮尔逊相关性	0.105	0.279**	0.289**	0.246**	1	0.260**	0.048
	Sig.（双尾）	0.098	0.000	0.000	0.000		0.000	0.498
	个案数	252	252	252	252	252	252	200
M2 市场份额	皮尔逊相关性	0.120	0.125*	0.119	0.145*	0.260**	1	0.097
	Sig.（双尾）	0.056	0.047	0.060	0.021	0.000		0.172
	个案数	252	252	252	252	252	252	200
M3 市场响应	皮尔逊相关性	-0.059	0.084	-0.001	-0.003	0.048	0.097	1
	Sig.（双尾）	0.411	0.239	0.990	0.967	0.498	0.172	
	个案数	200	200	200	200	200	200	200

注：* 表示在 5% 的水平上显著，** 表示在 1% 的水平上显著。

　　由此可以得出结论：新技术的出现导致行业竞争位势的波动和调整，与平均利润有显著的相关关系，且为正相关关系。

　　（3）H3 竞争预测与企业绩效相关分析结果如表 4 – 38 所示。

表 4 - 38　　　　　　　　　　　H3 与企业绩效相关分析结果

项目		H3 竞争预测	L1 平均利润	L2 交易成本	L3 物流成本	M1 销售增长率	M2 市场份额	M3 市场响应
H3 竞争预测	皮尔逊相关性	1	0.130 *	0.068	0.201 **	-0.044	0.010	-0.035
	Sig.（双尾）		0.031	0.261	0.001	0.485	0.869	0.624
	个案数	278	278	278	278	252	252	200
L1 平均利润	皮尔逊相关性	0.130 *	1	0.248 **	0.247 **	0.279 **	0.125 *	0.084
	Sig.（双尾）	0.031		0.000	0.000	0.000	0.047	0.239
	个案数	278	278	278	278	252	252	200
L2 交易成本	皮尔逊相关性	0.068	0.248 **	1	0.258 **	0.289 **	0.119	-0.001
	Sig.（双尾）	0.261	0.000		0.000	0.000	0.060	0.990
	个案数	278	278	278	278	252	252	200
L3 物流成本	皮尔逊相关性	0.201 **	0.247 **	0.258 **	1	0.246 **	0.145 *	-0.003
	Sig.（双尾）	0.001	0.000	0.000		0.000	0.021	0.967
	个案数	278	278	278	278	252	252	200
M1 销售增长率	皮尔逊相关性	-0.044	0.279 **	0.289 **	0.246 **	1	0.260 **	0.048
	Sig.（双尾）	0.485	0.000	0.000	0.000		0.000	0.498
	个案数	252	252	252	252	252	252	200
M2 市场份额	皮尔逊相关性	0.010	0.125 *	0.119	0.145 *	0.260 **	1	0.097
	Sig.（双尾）	0.869	0.047	0.060	0.021	0.000		0.172
	个案数	252	252	252	252	252	252	200
M3 市场响应	皮尔逊相关性	-0.035	0.084	-0.001	-0.003	0.048	0.097	1
	Sig.（双尾）	0.624	0.239	0.990	0.967	0.498	0.172	
	个案数	200	200	200	200	200	200	200

注：* 表示在 5% 的水平上显著，** 表示在 1% 的水平上显著。

根据结果分析可知，H3 与企业绩效的 Sig. 系数分别是 0.031、0.261、0.001、0.485、0.869、0.624。

由此可以得出结论：新竞争者的市场竞争行为和竞争能力无法预测，与平均利润、物流成本有显著的相关关系，且为正相关关系。

（4）H4 偏好预测与企业绩效相关分析结果如表 4 – 39 所示。

表 4 – 39　　　　　　　　H4 与企业绩效相关分析结果

项目		H4 偏好预测	L1 平均利润	L2 交易成本	L3 物流成本	M1 销售增长率	M2 市场份额	M3 市场响应
H4 偏好预测	皮尔逊相关性	1	− 0. 096	− 0. 019	− 0. 030	0. 095	0. 098	− 0. 117
	Sig.（双尾）		0. 111	0. 752	0. 622	0. 133	0. 120	0. 099
	个案数	278	278	278	278	252	252	200
L1 平均利润	皮尔逊相关性	− 0. 096	1	0. 248 **	0. 247 **	0. 279 **	0. 125 *	0. 084
	Sig.（双尾）	0. 111		0. 000	0. 000	0. 000	0. 047	0. 239
	个案数	278	278	278	278	252	252	200
L2 交易成本	皮尔逊相关性	− 0. 019	0. 248 **	1	0. 258 **	0. 289 **	0. 119	− 0. 001
	Sig.（双尾）	0. 752	0. 000		0. 000	0. 000	0. 060	0. 990
	个案数	278	278	278	278	252	252	200
L3 物流成本	皮尔逊相关性	− 0. 030	0. 247 **	0. 258 **	1	0. 246 **	0. 145 *	− 0. 003
	Sig.（双尾）	0. 622	0. 000	0. 000		0. 000	0. 021	0. 967
	个案数	278	278	278	278	252	252	200
M1 销售增长率	皮尔逊相关性	0. 095	0. 279 **	0. 289 **	0. 246 **	1	0. 260 **	0. 048
	Sig.（双尾）	0. 133	0. 000	0. 000	0. 000		0. 000	0. 498
	个案数	252	252	252	252	252	252	200
M2 市场份额	皮尔逊相关性	0. 098	0. 125 *	0. 119	0. 145 *	0. 260 **	1	0. 097
	Sig.（双尾）	0. 120	0. 047	0. 060	0. 021	0. 000		0. 172
	个案数	252	252	252	252	252	252	200
M3 市场响应	皮尔逊相关性	− 0. 117	0. 084	− 0. 001	− 0. 003	0. 048	0. 097	1
	Sig.（双尾）	0. 099	0. 239	0. 990	0. 967	0. 498	0. 172	
	个案数	200	200	200	200	200	200	200

注：＊表示在 5% 的水平上显著，＊＊表示在 1% 的水平上显著。

根据结果分析可知，H4 与企业绩效的 Sig. 系数分别是 0. 111、0. 752、0. 622、0. 133、0. 120、0. 099。

由此可以得出结论：客户对产品和服务的偏好无法预测，与企业绩效没有显著的相关关系。

（5）H5 环境不确定性与企业绩效相关分析结果如表 4 – 40 所示。

表 4 - 40　　　　　　　　　　H5 与企业绩效相关分析结果

项目		H5 环境不确定	L1 平均利润	L2 交易成本	L3 物流成本	M1 销售增长率	M2 市场份额	M3 市场响应
H5 环境不确定	皮尔逊相关性	1	- 0.107	- 0.105	- 0.076	- 0.151 *	0.041	- 0.058
	Sig.（双尾）		0.075	0.082	0.207	0.016	0.515	0.416
	个案数	278	278	278	278	252	252	200
L1 平均利润	皮尔逊相关性	- 0.107	1	0.248 **	0.247 **	0.279 **	0.125 *	0.084
	Sig.（双尾）	0.075		0.000	0.000	0.000	0.047	0.239
	个案数	278	278	278	278	252	252	200
L2 交易成本	皮尔逊相关性	- 0.105	0.248 **	1	0.258 **	0.289 **	0.119	- 0.001
	Sig.（双尾）	0.082	0.000		0.000	0.000	0.060	0.990
	个案数	278	278	278	278	252	252	200
L3 物流成本	皮尔逊相关性	- 0.076	0.247 **	0.258 **	1	0.246 **	0.145 *	- 0.003
	Sig.（双尾）	0.207	0.000	0.000		0.000	0.021	0.967
	个案数	278	278	278	278	252	252	200
M1 销售增长率	皮尔逊相关性	- 0.151 *	0.279 **	0.289 **	0.246 **	1	0.260 **	0.048
	Sig.（双尾）	0.016	0.000	0.000	0.000		0.000	0.498
	个案数	252	252	252	252	252	252	200
M2 市场份额	皮尔逊相关性	0.041	0.125 *	0.119	0.145 *	0.260 **	1	0.097
	Sig.（双尾）	0.515	0.047	0.060	0.021	0.000		0.172
	个案数	252	252	252	252	252	252	200
M3 市场响应	皮尔逊相关性	- 0.058	0.084	- 0.001	- 0.003	0.048	0.097	1
	Sig.（双尾）	0.416	0.239	0.990	0.967	0.498	0.172	
	个案数	200	200	200	200	200	200	200

注：* 表示在 5% 的水平上显著，** 表示在 1% 的水平上显著。

根据结果分析可知，H5 与企业绩效的 Sig. 系数分别是 0.075、0.082、0.207、0.016、0.515、0.416。

由此可以得出结论：自然环境和社会环境的不确定性与销售增长率有显著的负相关关系。

综上所述，分析环境动态性与企业绩效之间的关系时，得出以下结论：

第一，新技术的出现导致行业竞争位势的波动和调整，与平均利润有显著的相关关系，且为正相关关系；

第二，新竞争者的市场竞争行为和竞争能力无法预测，与平均利润、物流成本有显著的相关关系，且为正相关关系；

第三，自然环境和社会环境的不确定性与销售增长率有显著的负相关关系。

4.7.3.9 IT能力对企业绩效的影响情况

（1）I1完善基础与企业绩效相关分析结果如表4-41所示。

表4-41　　　　　　I1与企业绩效相关分析结果

项目		I1 完善基础	L1 平均利润	L2 交易成本	L3 物流成本	M1 销售增长率	M2 市场份额	M3 市场响应
I1 完善基础	皮尔逊相关性	1	-0.154*	-0.048	-0.015	0.036	0.074*	-0.122
	Sig.（双尾）		0.010	0.430	0.808	0.573	0.239	0.086
	个案数	278	278	278	278	252	252	200
L1 平均利润	皮尔逊相关性	-0.154**	1	0.248**	0.247**	0.279*	0.125*	0.084*
	Sig.（双尾）	0.010		0.000	0.000	0.000	0.047	0.239
	个案数	278	278	278	278	252	252	200
L2 交易成本	皮尔逊相关性	-0.048*	0.248*	1	0.258**	0.289*	0.119*	-0.001*
	Sig.（双尾）	0.430	0.000		0.000	0.000	0.060	0.990
	个案数	278	278	278	278	252	252	200
L3 物流成本	皮尔逊相关性	-0.015	0.247	0.258	1	0.246	0.145	-0.003
	Sig.（双尾）	0.808	0.000	0.000		0.000	0.021	0.967
	个案数	252	278	278	278	252	252	200
M1 销售增长率	皮尔逊相关性	0.036	0.279*	0.289*	0.246*	1	0.260*	0.048*
	Sig.（双尾）	0.573	0.000	0.000	0.000		0.000	0.498
	个案数	252	252	252	252	252	252	200
M2 市场份额	皮尔逊相关性	0.074*	0.125*	0.119*	0.145**	0.260*	1	0.097*
	Sig.（双尾）	0.239	0.047	0.060	0.021	0.000		0.172
	个案数	252	252	252	252	252	252	200
M3 市场响应	皮尔逊相关性	-0.122*	0.084*	-0.001	-0.003	0.048**	0.097*	1
	Sig.（双尾）	0.086	0.239	0.990	0.967	0.498	0.172	
	个案数	200	200	200	200	200	200	200

注：*表示在5%的水平上显著，**表示在1%的水平上显著。

根据结果分析可知, I1 与企业绩效的 Sig. 系数分别是 0.010、0.430、0.808、0.573、0.239、0.086。

由此可以得出结论: 企业有完善的 IT 基础设备, 包括办公所需的硬件和客户管理系统, 与平均利润有显著的负相关关系。

(2) I2 筛选信息与企业绩效相关分析结果如表 4 - 42 所示。

表 4 - 42　　　　　　　　　I2 与企业绩效相关分析结果

项目		I2 筛选信息	L1 平均利润	L2 交易成本	L3 物流成本	M1 销售增长率	M2 市场份额	M3 市场响应
I2 筛选信息	皮尔逊相关性	1	-0.059	-0.128 *	-0.109 *	-0.129 *	-0.172 **	0.103
	Sig. (双尾)		0.330	0.032	0.070	0.040	0.006	0.145
	个案数	278	278	278	278	252	252	200
L1 平均利润	皮尔逊相关性	-0.059	1	0.248 **	0.247 **	0.279 **	0.125 *	0.084
	Sig. (双尾)	0.330		0.000	0.000	0.000	0.047	0.239
	个案数	278	278	278	278	252	252	200
L2 交易成本	皮尔逊相关性	-0.128 *	0.248 **	1	0.258 **	0.289 **	0.119 *	-0.001
	Sig. (双尾)	0.032	0.000		0.000	0.000	0.060	0.990
	个案数	278	278	278	278	252	252	200
L3 物流成本	皮尔逊相关性	-0.129 *	0.247 **	0.258 **	1	0.246 **	0.145 *	-0.003
	Sig. (双尾)	0.040	0.000	0.000		0.000	0.021	0.967
	个案数	252	278	278	278	252	252	200
M1 销售增长率	皮尔逊相关性	-0.172	0.279	0.289	0.246	1	0.260	0.048
	Sig. (双尾)	0.006	0.000	0.000	0.000		0.000	0.498
	个案数	252	252	252	252	252	252	200
M2 市场份额	皮尔逊相关性	-0.172 *	0.125 *	0.119 *	0.145 *	0.260 *	1	0.097
	Sig. (双尾)	0.006	0.047	0.060	0.021	0.023		0.172
	个案数	252	252	252	252	252	252	200
M3 市场响应	皮尔逊相关性	0.103 *	0.084	-0.001	-0.003	0.048	0.097 *	1
	Sig. (双尾)	0.145	0.239	0.990	0.967	0.498	0.172	
	个案数	252	252	252	252	252	252	252

注: * 表示在5%的水平上显著, ** 表示在1%的水平上显著。

根据结果分析可知, I2 与企业绩效的 Sig. 系数分别是 0.330、0.032、0.070、0.040、0.006、0.145。

由此可以得出结论：企业评估、吸收并应用从外部获得的新知识，能够筛选出有用的互联网信息，进行资源整合，从而解决实际问题、提高效率的能力与交易成本、物流成本、销售增长率、市场份额有显著的相关关系。

（3）I3 库存管理与企业绩效相关分析结果如表 4−43 所示。

表 4−43　　　　　　　　　I3 与企业绩效相关分析结果

项目		I3 库存管理	L1 平均利润	L2 交易成本	L3 物流成本	M1 销售增长率	M2 市场份额	M3 市场响应
I3 库存管理	皮尔逊相关性	1	0.158 *	− 0.023	− 0.064	0.009	− 0.084	− 0.093
	Sig.（双尾）		0.008	0.709	0.285	0.891	0.183	0.190
	个案数	277	277	277	277	251	251	199
L1 平均利润	皮尔逊相关性	0.158 *	1	0.248 **	0.247 **	0.279 **	0.125 *	0.084
	Sig.（双尾）	0.008		0.000	0.000	0.000	0.047	0.239
	个案数	277	278	278	278	252	252	200
L2 交易成本	皮尔逊相关性	− 0.023	0.248 **	1	0.258 **	0.289 **	0.119 **	− 0.001
	Sig.（双尾）	0.709	0.000		0.000	0.000	0.000	0.990
	个案数	277	278	278	278	252	252	200
L3 物流成本	皮尔逊相关性	0.064	0.247 **	0.258 **	1	0.246 **	0.145	− 0.003
	Sig.（双尾）	0.285	0.000	0.000		0.000	0.021	0.967
	个案数	277	278	278	278	252	252	200
M1 销售增长率	皮尔逊相关性	0.009	0.279 **	0.289 **	0.246 **	1	0.260 **	0.048
	Sig.（双尾）	0.891	0.000	0.000	0.000		0.000	0.498
	个案数	251	252	252	252	252	252	200
M2 市场份额	皮尔逊相关性	− 0.084	0.125 *	0.119	0.145 *	0.260 **	1	0.097
	Sig.（双尾）	0.183	0.047	0.060	0.021	0.000		0.172
	个案数	251	252	252	252	252	252	200
M3 市场响应	皮尔逊相关性	− 0.093	0.084	− 0.001	− 0.003	0.048	0.097	1
	Sig.（双尾）	0.190	0.239	0.990	0.967	0.498	0.172	
	个案数	252	252	252	252	252	252	252

注：* 表示在 5% 的水平上显著，** 表示在 1% 的水平上显著。

根据结果分析可知，I3 与企业绩效的 Sig. 系数分别是 0.008、0.709、0.285、0.891、0.183、0.190。

由此可以得出结论：企业使用 IT 进行订单处理、货品计价、结算、装货、配送信息处理、仓库理货和库存管理的能力与平均利润有显著的相关关系，且为正相关关系。

（4）I4 促销活动与企业绩效相关分析结果如表 4 - 44 所示。

表 4 - 44　　　　　　　　　I4 与企业绩效相关分析结果

项目		I4 促销活动	L1 平均利润	L2 交易成本	L3 物流成本	M1 销售增长率	M2 市场份额	M3 市场响应
I4 促销活动	皮尔逊相关性	1	- 0.038	- 0.033	- 0.042	- 0.031	- 0.034	- 0.222 *
	Sig.（双尾）		0.528	0.581	0.488	0.624	0.587	0.002
	个案数	278	278	278	278	252	252	200
L1 平均利润	皮尔逊相关性	- 0.038	1	0.248 **	0.247 **	0.279 **	0.125 *	0.084
	Sig.（双尾）	0.528		0.000	0.000	0.000	0.047	0.239
	个案数	278	278	278	278	252	252	200
L2 交易成本	皮尔逊相关性	- 0.033	0.248 **	1	0.258 **	0.289 **	0.119	- 0.001
	Sig.（双尾）	0.581	0.000		0.000	0.000	0.060	0.990
	个案数	278	278	278	278	252	252	200
L3 物流成本	皮尔逊相关性	- 0.042	0.247 **	0.258 **	1	0.246 **	0.145 *	- 0.003
	Sig.（双尾）	0.488	0.000	0.000		0.000	0.021	0.967
	个案数	278	278	278	278	252	252	200
M1 销售增长率	皮尔逊相关性	- 0.042	0.247 **	0.258 **	1	0.246 **	0.145	- 0.003
	Sig.（双尾）	0.488	0.000	0.000		0.000	0.021	0.967
	个案数	252	252	252	252	252	252	200
M2 市场份额	皮尔逊相关性	- 0.034	0.125 *	0.119	0.145 *	0.260 **	1	0.097
	Sig.（双尾）	0.587	0.047	0.060	0.021	0.000		0.172
	个案数	252	252	252	252	252	252	200
M3 市场响应	皮尔逊相关性	- 0.222 *	0.084	- 0.001	- 0.003	0.048	0.097	1
	Sig.（双尾）	0.002	0.239	0.990	0.967	0.498	0.172	
	个案数	252	252	252	252	252	252	252

注：* 表示在 5% 的水平上显著，** 表示在 1% 的水平上显著。

根据结果分析可知，I4 与企业绩效的 Sig. 系数分别是 0.528、0.581、0.488、0.624、0.587、0.002。

由此可以得出结论：企业使用 IT 收集顾客和市场信息，分析产品销售趋势和顾客喜好，进行新产品规划，加强与经销商的联系、沟通，发现产品质量和顾客服务方面的问题，并加以改进；同时与经销商共同进行产品定价，开展促销活动，获取产品的市场销售信息，决定不同产品库存的能力，与市场响应有显著的相关关系。

综上所述，分析 IT 能力与企业绩效之间的关系时，得出以下结论：

第一，企业有完善的 IT 基础设备，包括办公所需的硬件和客户管理系统，与平均利润有显著的相关关系，且为正相关关系；

第二，企业评估、吸收并应用从外部获得的新知识，能够筛选出有用的互联网信息，进行资源整合，解决实际问题，提高效率的能力，与交易成本、物流成本、销售增长率、市场份额有显著的相关关系；

第三，企业使用 IT 进行订单处理、货品计价、结算、装货、配送信息处理、仓库理货和库存管理的能力，与平均利润有显著的相关关系，且为正相关关系；

第四，企业使用 IT 收集顾客和市场信息，分析产品销售趋势和顾客喜好，进行新产品规划，加强与经销商的联系、沟通，发现产品质量和顾客服务方面的问题，并加以改进；同时与经销商共同进行产品定价，开展促销活动，获取产品的市场销售信息，决定不同产品库存的能力，与市场响应有显著的相关关系。

4.7.3.10　IT 集成对企业绩效的影响情况

（1）J1 产品开发与企业绩效相关分析结果如表 4 – 45 所示。

表 4 – 45　　　　　　　J1 与企业绩效相关分析结果

	项目	J1 产品开发	L1 平均利润	L2 交易成本	L3 物流成本	M1 销售增长率	M2 市场份额	M3 市场响应
J1 产品开发	皮尔逊相关性	1	− 0.086	0.031	0.067	− 0.026	− 0.132 *	− 0.042
	Sig.（双尾）		0.153	0.609	0.265	0.683	0.037	0.556
	个案数	278	278	278	278	252	252	200
L1 平均利润	皮尔逊相关性	− 0.086	1	0.248 **	0.247 **	0.279 **	0.125 *	0.084
	Sig.（双尾）	0.153		0.000	0.000	0.000	0.047	0.239
	个案数	278	278	278	278	252	252	200

项目		J1 产品开发	L1 平均利润	L2 交易成本	L3 物流成本	M1 销售增长率	M2 市场份额	M3 市场响应
L2 交易成本	皮尔逊相关性	0.031	0.248 **	1	0.258 **	0.289 **	0.119	− 0.001
	Sig.（双尾）	0.609	0.000		0.000	0.000	0.060	0.990
	个案数	278	278	278	278	252	252	200
L3 物流成本	皮尔逊相关性	0.067	0.247 **	0.258 **	1	0.246 **	0.145 *	− 0.003
	Sig.（双尾）	0.265	0.000	0.000		0.000	0.021	0.967
	个案数	278	278	278	278	252	252	200
M1 销售增长率	皮尔逊相关性	− 0.026	0.279 **	0.289 **	0.246 **	1	0.260 **	0.048
	Sig.（双尾）	0.683	0.000	0.000	0.000		0.000	0.498
	个案数	252	252	252	252	252	252	200
M2 市场份额	皮尔逊相关性	− 0.132 *	0.125 *	0.119	0.145 *	0.260 **	1	0.097
	Sig.（双尾）	0.037	0.047	0.060	0.021	0.000		0.172
	个案数	252	252	252	252	252	252	200
M3 市场响应	皮尔逊相关性	− 0.042	0.084	− 0.001	− 0.003	0.048	0.097	1
	Sig.（双尾）	0.556	0.239	0.990	0.967	0.498	0.172	
	个案数	252	252	252	252	252	252	252

注：* 表示在 5% 的水平上显著，** 表示在 1% 的水平上显著。

根据结果分析可知，J1 与企业绩效的 Sig. 系数分别是 0.153、0.609、0.265、0.683、0.037、0.556。

由此可以得出结论：使用 IT 集成能力进行新产品/服务开发与市场份额有显著的负相关关系。

（2）J2 采购管理与企业绩效相关分析结果如表 4 −46 所示。

表 4 −46　　　　　　　J2 与企业绩效相关分析结果

项目		J2 采购管理	L1 平均利润	L2 交易成本	L3 物流成本	M1 销售增长率	M2 市场份额	M3 市场响应
J2 采购管理	皮尔逊相关性	1	− 0.031	− 0.094	0.034	− 0.094	− 0.040	0.020
	Sig.（双尾）		0.606	0.119	0.571	0.135	0.530	0.777
	个案数	278	278	278	278	252	252	200
L1 平均利润	皮尔逊相关性	− 0.031	1	0.248 **	0.247 **	0.279 **	0.125 *	0.084
	Sig.（双尾）	0.606		0.000	0.000	0.000	0.047	0.239
	个案数	278	278	278	278	252	252	200

项目		J2 采购管理	L1 平均利润	L2 交易成本	L3 物流成本	M1 销售增长率	M2 市场份额	M3 市场响应
L2 交易成本	皮尔逊相关性	− 0.094	0.248 **	1	0.258 **	0.289 **	0.119	− 0.001
	Sig.（双尾）	0.119	0.000		0.000	0.000	0.060	0.990
	个案数	278	278	278	278	252	252	200
L3 物流成本	皮尔逊相关性	0.034	0.247 **	0.258 **	1	0.246 **	0.145 *	− 0.003
	Sig.（双尾）	0.571	0.000	0.000		0.000	0.021	0.967
	个案数	278	278	278	278	252	252	200
M1 销售增长率	皮尔逊相关性	− 0.094	0.279 **	0.289 **	0.246 **	1	0.260 **	0.048
	Sig.（双尾）	0.135	0.000	0.000	0.000		0.000	0.498
	个案数	252	252	252	252	252	252	200
M2 市场份额	皮尔逊相关性	− 0.040	0.125 *	0.119	0.145 *	0.260 **	1	0.097
	Sig.（双尾）	0.530	0.047	0.060	0.021	0.000		0.172
	个案数	252	252	252	252	252	252	200
M3 市场响应	皮尔逊相关性	0.020	0.084	− 0.001	− 0.003	0.048	0.097	1
	Sig.（双尾）	0.777	0.239	0.990	0.967	0.498	0.172	
	个案数	252	252	252	252	252	252	252

注：* 表示在 5% 的水平上显著，** 表示在 1% 的水平上显著。

根据结果分析可知，J2 与企业绩效的 Sig. 系数分别是 0.606、0.119、0.571、0.135、0.530、0.777。

由此可以得出结论：使用 IT 集成能力对采购进行管理与企业绩效没有显著的相关关系。

（3）J3 销售管理与企业绩效相关分析结果如表 4 - 47 所示。

表 4 - 47　　　　　　　　J3 与企业绩效相关分析结果

项目		J3 销售管理	L1 平均利润	L2 交易成本	L3 物流成本	M1 销售增长率	M2 市场份额	M3 市场响应
J3 销售管理	皮尔逊相关性	1	− 0.038	− 0.094	− 0.102	− 0.017	− 0.053	− 0.032
	Sig.（双尾）		0.527	0.110	0.090	0.786	0.399	0.654
	个案数	278	278	278	278	252	252	200
L1 平均利润	皮尔逊相关性	− 0.038	1	0.248 **	0.247 **	0.279 **	0.125 *	0.084
	Sig.（双尾）	0.527		0.000	0.000	0.000	0.047	0.239
	个案数	278	278	278	278	252	252	200

续表

	项目	J3 销售管理	L1 平均利润	L2 交易成本	L3 物流成本	M1 销售增长率	M2 市场份额	M3 市场响应
L2 交易成本	皮尔逊相关性	0.096	0.248 **	1	0.258 **	0.289 **	0.119	− 0.001
	Sig.（双尾）	0.110	0.000		0.000	0.000	0.060	0.990
	个案数	278	278	278	278	252	252	200
L3 物流成本	皮尔逊相关性	− 0.102	0.247 **	0.258 **	1	0.246 **	0.145 *	− 0.003
	Sig.（双尾）	0.090	0.000	0.000		0.000	0.021	0.967
	个案数	278	278	278	278	252	252	200
M1 销售增长率	皮尔逊相关性	− 0.017	0.279 **	0.289 **	0.246 **	1	0.260 **	0.048
	Sig.（双尾）	0.786	0.000	0.000	0.000		0.000	0.498
	个案数	252	252	252	252	252	252	200
M2 市场份额	皮尔逊相关性	− 0.053	0.125 *	0.119	0.145 **	0.260 **	1	0.097
	Sig.（双尾）	0.399	0.047	0.060	0.021	0.000		0.172
	个案数	252	252	252	252	252	252	200
M3 市场响应	皮尔逊相关性	− 0.032	0.084	− 0.001	− 0.003	0.048	0.097	1
	Sig.（双尾）	0.654	0.239	0.990	0.967	0.498	0.172	
	个案数	252	252	252	252	252	252	252

注：* 表示在 5% 的水平上显著，** 表示在 1% 的水平上显著。

根据结果分析可知，J3 与企业绩效的 Sig. 系数分别是 0.527、0.110、0.090、0.786、0.399、0.654。

由此可以得出结论：使用 IT 集成能力对产品的物流过程和产品销售过程进行管理，与企业绩效没有显著的相关关系。

（4）J4 跨境交易与企业绩效相关分析结果如表 4 - 48 所示。

表 4 - 48　　　　　　　　J4 与企业绩效相关分析结果

	项目	J4 跨境交易	L1 平均利润	L2 交易成本	L3 物流成本	M1 销售增长率	M2 市场份额	M3 市场响应
J4 跨境交易	皮尔逊相关性	1	0.079	− 0.072	− 0.008	− 0.012	− 0.173 **	0.042
	Sig.（双尾）		0.189	0.233	0.888	0.855	0.006	0.552
	个案数	278	278	278	278	252	252	200
L1 平均利润	皮尔逊相关性	0.079	1	0.248 **	0.247 **	0.279 **	0.125 *	0.084
	Sig.（双尾）	0.189		0.000	0.000	0.000	0.047	0.239
	个案数	278	278	278	278	252	252	200

项目		J4 跨境交易	L1 平均利润	L2 交易成本	L3 物流成本	M1 销售增长率	M2 市场份额	M3 市场响应
L2 交易成本	皮尔逊相关性	− 0.072	0.248 **	1	0.258 **	0.289 **	0.119	− 0.001
	Sig.（双尾）	0.233	0.000		0.000	0.000	0.060	0.990
	个案数	278	278	278	278	252	252	200
L3 物流成本	皮尔逊相关性	− 0.008	0.247 **	0.258 **	1	0.246 **	0.145 *	− 0.003
	Sig.（双尾）	0.888	0.000	0.000		0.000	0.021	0.967
	个案数	278	278	278	278	252	252	200
M1 销售增长率	皮尔逊相关性	− 0.012	0.279 **	0.289 **	0.246 **	1	0.260 **	0.048
	Sig.（双尾）	0.855	0.000	0.000	0.000		0.000	0.498
	个案数	252	252	252	252	252	252	200
M2 市场份额	皮尔逊相关性	− 0.173 **	0.125 *	0.119 **	0.145 *	0.260 **	1	0.097
	Sig.（双尾）	0.006	0.047	0.060	0.021	0.000		0.172
	个案数	252	252	252	252	252	252	200
M3 市场响应	皮尔逊相关性	0.042	0.084	− 0.001	− 0.003	0.048	0.097	1
	Sig.（双尾）	0.552	0.239	0.990	0.967	0.498	0.172	
	个案数	252	252	252	252	252	252	252

注：* 表示在 5% 的水平上显著，** 表示在 1% 的水平上显著。

根据结果分析可知，J4 与企业绩效的 Sig. 系数分别是 0.189、0.233、0.888、0.855、0.006、0.552。

由此可以得出结论：使用 IT 集成能力对跨境交易过程进行管理与市场份额有显著的负相关关系。

综上所述，分析 IT 集成与企业绩效之间的关系时，得出以下结论：

第一，使用 IT 集成能力进行新产品/服务开发与市场份额有显著的负相关关系；

第二，使用 IT 集成能力对跨境交易过程进行管理与市场份额有显著的负相关关系。

4.7.3.11 大数据分析能力对企业绩效的影响情况

（1）K1 共享专有信息与企业绩效相关分析结果如表 4 - 49 所示。

表 4 - 49　　　　　　　　　　　　**K1 与企业绩效相关分析结果**

项目		K1 共享专有信息	L1 平均利润	L2 交易成本	L3 物流成本	M1 销售增长率	M2 市场份额	M3 市场响应
K1 共享专有信息	皮尔逊相关性	1	0.062	0.049	0.000	0.089	0.065	- 0.004
	Sig.（双尾）		0.300	0.416	0.999	0.157	0.305	0.950
	个案数	278	278	278	278	252	252	200
L1 平均利润	皮尔逊相关性	0.062	1	0.248 **	0.247 **	0.279 **	0.125 *	0.084
	Sig.（双尾）	0.300		0.000	0.000	0.000	0.047	0.239
	个案数	278	278	278	278	252	252	200
L2 交易成本	皮尔逊相关性	0.049	0.248 **	1	0.258 **	0.289 **	0.119	- 0.001
	Sig.（双尾）	0.416	0.000		0.000	0.000	0.060	0.990
	个案数	278	278	278	278	252	252	200
L3 物流成本	皮尔逊相关性	0.000	0.247 **	0.258 **	1	0.246 **	0.145 *	- 0.003
	Sig.（双尾）	0.999	0.000	0.000		0.000	0.021	0.967
	个案数	278	278	278	278	252	252	200
M1 销售增长率	皮尔逊相关性	0.089	0.279 **	0.289 **	0.246 **	1	0.260 **	0.048
	Sig.（双尾）	0.157	0.000	0.000	0.000		0.000	0.498
	个案数	252	252	252	252	252	252	200
M2 市场份额	皮尔逊相关性	0.065	0.125 *	0.119	0.145 *	0.260 **	1	0.097
	Sig.（双尾）	0.305	0.047	0.060	0.021	0.000		0.172
	个案数	252	252	252	252	252	252	200
M3 市场响应	皮尔逊相关性	- 0.004	0.084	- 0.001	- 0.003	0.048	0.097	1
	Sig.（双尾）	0.950	0.239	0.990	0.967	0.498	0.172	
	个案数	252	252	252	252	252	252	252

注：* 表示在 5% 的水平上显著，** 表示在 1% 的水平上显著。

根据结果分析可知，K1 与企业绩效的 Sig. 系数分别是 0.300、0.416、0.999、0.157、0.305、0.950。

由此可以得出结论：与贸易伙伴之间的信息交流是及时、准确、充分、可靠的，共享专有信息、充分了解业务问题与企业绩效没有显著的相关关系。

（2）K2 数据可视化与企业绩效相关分析结果如表 4 - 50 所示。

表 4 - 50   **K2 与企业绩效相关分析结果**

项目		K2 数据可视化	L1 平均利润	L2 交易成本	L3 物流成本	M1 销售增长率	M2 市场份额	M3 市场响应
K2 数据可视化	皮尔逊相关性	1	0.075	0.080	0.173 **	0.108	0.003	0.030
	Sig.（双尾）		0.215	0.185	0.004	0.086	0.962	0.671
	个案数	278	278	278	278	252	252	200
L1 平均利润	皮尔逊相关性	0.075	1	0.248 **	0.247 **	0.279 **	0.125 *	0.084
	Sig.（双尾）	0.215		0.000	0.000	0.000	0.047	0.239
	个案数	278	278	278	278	252	252	200
L2 交易成本	皮尔逊相关性	0.080	0.248 **	1	0.258 **	0.289 **	0.119	− 0.001
	Sig.（双尾）	0.185	0.000		0.000	0.000	0.060	0.990
	个案数	278	278	278	278	252	252	200
L3 物流成本	皮尔逊相关性	0.173 **	0.247 **	0.258 **	1	0.246 **	0.145 *	− 0.003
	Sig.（双尾）	0.004	0.000	0.000		0.000	0.021	0.967
	个案数	278	278	278	278	252	252	200
M1 销售增长率	皮尔逊相关性	0.108	0.279 **	0.289 **	0.246 **	1	0.260 **	0.048
	Sig.（双尾）	0.086	0.000	0.000	0.000		0.000	0.498
	个案数	252	252	252	252	252	252	200
M2 市场份额	皮尔逊相关性	0.003	0.125 *	0.119	0.145 *	0.260 **	1	0.097
	Sig.（双尾）	0.962	0.047	0.060	0.021	0.000		0.172
	个案数	252	252	252	252	252	252	200
M3 市场响应	皮尔逊相关性	0.030	0.084	− 0.001	− 0.003	0.048	0.097	1
	Sig.（双尾）	0.671	0.239	0.990	0.967	0.498	0.172	
	个案数	252	252	252	252	252	252	252

注：* 表示在 5% 的水平上显著，** 表示在 1% 的水平上显著。

根据结果分析可知，K2 与企业绩效的 Sig. 系数分别是 0.215、0.185、0.004、0.086、0.962、0.671。

由此可以得出结论：企业使用先进的工具分析数据（如仿真与优化等），对从多个来源收集的数据进行数据分析（如公司报告、推文等），使用数据可视化技术帮助决策者理解从大数据中提取的复杂信息，这与物流成本有显著的相关关系，且为正相关关系。

（3）K3 决策辅助与企业绩效相关分析结果如表 4 - 51 所示。

表 4 -51　　　　　　　　　　K3 与企业绩效相关分析结果

项目		K3 决策辅助	L1 平均利润	L2 交易成本	L3 物流成本	M1 销售增长率	M2 市场份额	M3 市场响应
K3 决策辅助	皮尔逊相关性	1	0.152 *	0.219 **	0.256 **	0.264 **	0.154 *	0.141 *
	Sig.（双尾）		0.011	0.000	0.000	0.000	0.015	0.046
	个案数	278	278	278	278	252	252	200
L1 平均利润	皮尔逊相关性	0.152 *	1	0.248 **	0.247 **	0.279 **	0.125 *	0.084
	Sig.（双尾）	0.011		0.000	0.000	0.000	0.047	0.239
	个案数	278	278	278	278	252	252	200
L2 交易成本	皮尔逊相关性	0.219 **	0.248 **	1	0.258 **	0.289 **	0.119	- 0.001
	Sig.（双尾）	0.000	0.000		0.000	0.000	0.060	0.990
	个案数	278	278	278	278	252	252	200
L3 物流成本	皮尔逊相关性	0.256 **	0.247 **	0.258 **	1	0.246 **	0.145 *	- 0.003
	Sig.（双尾）	0.000	0.000	0.000		0.000	0.021	0.967
	个案数	278	278	278	278	252	252	200
M1 销售增长率	皮尔逊相关性	0.264 **	0.279 **	0.289 **	0.246 **	1	0.260 **	0.048
	Sig.（双尾）	0.000	0.000	0.000	0.000		0.000	0.498
	个案数	252	252	252	252	252	252	200
M2 市场份额	皮尔逊相关性	0.154 *	0.125 *	0.119	0.145 *	0.260 **	1	0.097
	Sig.（双尾）	0.015	0.047	0.060	0.021	0.000		0.172
	个案数	252	252	252	252	252	252	200
M3 市场响应	皮尔逊相关性	0.141 *	0.084	- 0.001	- 0.003	0.048	0.097	1
	Sig.（双尾）	0.046	0.239	0.990	0.967	0.498	0.172	
	个案数	252	252	252	252	252	252	252

注：* 表示在 5% 的水平上显著，** 表示在 1% 的水平上显著。

根据结果分析可知，K3 与企业绩效的 Sig. 系数分别是 0.011、0.000、0.000、0.000、0.015、0.046。

由此可以得出结论：通过大数据分析系统化地执行大数据分析规划流程，通过调整大数据分析计划，可以更好地适应变化的商业环境。当我们用大数据分析管理能力决策时，我们会考虑和估计它们对员工工作效率的影响，决策将在多大程度上帮助我们获客，管理者需要花费多少时间来监督这些变化，这与平均利润、交易成本、物流成本、销售增长率、市场份额和市场响应有显著的相关关系，且为正相关关系。

（4）K4 先进分析系统与企业绩效相关分析结果如表 4-52 所示。

表 4-52　　　　　　K4 与企业绩效相关分析结果

项目		K4 先进分析系统	L1 平均利润	L2 交易成本	L3 物流成本	M1 销售增长率	M2 市场份额	M3 市场响应
K4 先进分析系统	皮尔逊相关性	1	0.290**	0.297**	0.345**	0.457**	0.235**	0.110
	Sig.（双尾）		0.000	0.000	0.000	0.000	0.000	0.123
	个案数	278	278	278	278	252	252	200
L1 平均利润	皮尔逊相关性	0.290**	1	0.248**	0.247**	0.279**	0.125*	0.084
	Sig.（双尾）	0.000		0.000	0.000	0.000	0.047	0.239
	个案数	278	278	278	278	252	252	200
L2 交易成本	皮尔逊相关性	0.297**	0.248**	1	0.258**	0.289**	0.119	-0.001
	Sig.（双尾）	0.000	0.000		0.000	0.000	0.060	0.990
	个案数	278	278	278	278	252	252	200
L3 物流成本	皮尔逊相关性	0.345**	0.247**	0.258**	1	0.246**	0.145*	-0.003
	Sig.（双尾）	0.000	0.000	0.000		0.000	0.021	0.967
	个案数	278	278	278	278	252	252	200
M1 销售增长率	皮尔逊相关性	0.457**	0.279**	0.289**	0.246**	1	0.260**	0.048
	Sig.（双尾）	0.000	0.000	0.000	0.000		0.000	0.498
	个案数	252	252	252	252	252	252	200
M2 市场份额	皮尔逊相关性	0.235**	0.125*	0.119	0.145**	0.260**	1	0.097
	Sig.（双尾）	0.000	0.047	0.060	0.021	0.000		0.172
	个案数	252	252	252	252	252	252	200
M3 市场响应	皮尔逊相关性	0.110	0.084	-0.001	-0.003	0.048	0.097	1
	Sig.（双尾）	0.123	0.239	0.990	0.967	0.498	0.172	
	个案数	200	200	200	200	200	200	200

　　注：*表示在 5% 的水平上显著，**表示在 1% 的水平上显著。

根据结果分析可知，K4 与企业绩效的 Sig. 系数分别是 0.000、0.000、0.000、0.000、0.000、0.123。

由此可以得出结论：与竞争对手相比，我们拥有更先进的分析系统。分析出的数据结果得到多数人认可，我们的软件或网址界面易于使用，数据很容易跨平台传输和使用，这与平均利润、交易成本、物流成本、销售增长率、市场份额有显著的相关关系，且为正相关关系。

综上所述，分析大数据分析能力与企业绩效之间的关系，得出以下结论：

第一，企业使用先进的工具分析数据（如仿真与优化等），对从多个来源收集的数据进行数据分析（如公司报告、推文等），使用数据可视化技术帮助决策者理解从大数据中提取的复杂信息的能力与物流成本有显著的相关关系，且为正相关关系；

第二，通过大数据分析系统化地执行大数据分析规划流程，调整大数据分析计划，更好地适应变化的商业环境。当我们用大数据分析管理能力决策时，我们会考虑和估计它们对员工工作效率的影响，决策将在多大程度上帮助我们获客，管理者需要花费多少时间来监督这些变化，这与平均利润、交易成本、物流成本、销售增长率、市场份额和市场响应有显著的相关关系，且为正相关关系；

第三，与竞争对手相比，我们拥有更先进的分析系统。分析出的数据结果得到多数人认可，我们的软件或网址界面易于使用，数据很容易跨平台传输和使用，这与平均利润、交易成本、物流成本、销售增长率、市场份额有显著的相关关系，且为正相关关系。

4.7.4　方差分析

方差分析结果如表 4 - 53 ~ 表 4 - 56 所示。

表 4 - 53　　　　　　　　　　方差分析结果 1

ANOVA						
变量		平方角	自由度	均方	F	显著性
D2 客户信息	组间	6.598	4	1.649	1.515	0.199
	组内	297.910	273	1.091		
	总计	304.507	277			
D3 衍生服务	组间	1.301	4	0.325	0.328	0.859
	组内	270.588	273	0.991		
	总计	271.888	277			

续表

ANOVA						
变量		平方角	自由度	均方	F	显著性
E1 推广成本	组间	4.779	4	1.195	1.294	0.273
	组内	252.070	273	0.991		
	总计	258.849	277			
E2 便捷翻译	组间	6.028	4	1.507	1.711	0.148
	组内	240.479	273	0.881		
	总计	246.507	277			
E3 流量分配	组间	2.195	4	0.549	0.561	0.691
	组内	267.056	273	0.978		
	总计	269.252	277			
E4 搜索成本	组间	6.228	4	1.557	1.668	0.158
	组内	254.841	273	0.933		
	总计	261.068	277			
F1 恢复能力	组间	11.067	4	2.767	3.214	0.013
	组内	234.994	273	0.861		
	总计	246.061	277			
F2 适应能力	组间	7.059	4	1.765	1.895	0.112
	组内	254.265	273	0.931		
	总计	261.324	277			
F3 调整能力	组间	8.484	4	2.121	2.038	0.089
	组内	284.092	273	1.041		
	总计	292.576	277			
F4 满足需求	组间	4.180	4	1.045	1.134	0.341
	组内	251.579	273	0.922		
	总计	255.759	277			
F5 及时支付	组间	1.734	4	0.433	0.455	0.768
	组内	259.849	273	0.952		
	总计	261.583	277			

表 4 – 54　　　　　　　　　　　　　方差分析结果 2

ANOVA

变量		平方角	自由度	均方	F	显著性
A1 速度与质量	组间	5.910	4	1.477	1.265	0.284
	组内	318.781	273	1.168		
	总计	324.691	277			
A2 相关速度	组间	7.782	4	1.945	1.424	0.226
	组内	372.938	273	1.366		
	总计	380.719	277			
A3 物流信息	组间	6.962	4	1.740	2.052	0.087
	组内	231.589	273	0.848		
	总计	238.5	277			
A4 仓储成本	组间	16.337	4	4.084	5.594	0.000
	组内	199.335	273	0.730		
	总计	215.673	277			
B1 盗版行为	组间	12.313	4	3.078	2.758	0.028
	组内	304.669	273	1.116		
	总计	316.982	277			
B2 夸大宣传	组间	11.867	4	2.967	3.125	0.015
	组内	259.212	273	0.949		
	总计	271.079	277			
B3 规范环境	组间	14.973	4	3.743	4.187	0.003
	组内	244.081	273	0.894		
	总计	259.054	277			
C1 便捷支付	组间	10.114	4	2.528	2.224	0.067
	组内	310.436	273	1.137		
	总计	320.55	277			
C2 关税流程	组间	8.512	4	2.128	2.039	0.089
	组内	284.916	273	1.044		
	总计	293.428	277			

表 4 - 55   方差分析结果 3

变量		平方角	自由度	均方	F	显著性
J1 产品开发	组间	5.876	4	1.469	1.696	0.151
	组内	236.397	273	0.866		
	总计	242.273	277			
J2 采购管理	组间	6.023	4	1.506	1.689	0.153
	组内	243.390	273	0.892		
	总计	249.414	277			
J3 销售管理	组间	4.740	4	1.185	1.273	0.281
	组内	254.026	273	0.930		
	总计	258.766	277			
J4 跨境交易	组间	4.232	4	1.058	1.472	0.211
	组内	196.132	273	0.718		
	总计	200.363	277			
K1 共享专有信息	组间	10.588	4	2.647	3.322	0.011
	组内	217.556	273	0.797		
	总计	228.144	277			
K2 数据可视化	组间	7.602	4	1.091	2.507	0.042
	组内	206.934	273	0.758		
	总计	214.536	277			
K3 决策辅助	组间	21.713	4	5.428	7.506	0.000
	组内	197.441	273	0.723		
	总计	219.155	277			
K4 先进分析系统	组间	27.160	4	6.790	9.455	0.000
	组内	197.441	273	0.723		
	总计	223.428	277			

表头: ANOVA

表 4 – 56　　　　　　　　　　　方差分析结果 4

变量		平方角	自由度	均方	F	显著性
				ANOVA		
G1 使用平台	组间	3.107	4	0.777	0.791	0.532
	组内	267.961	273	0.982		
	总计	271.068	277			
G2 业务操作	组间	13.388	4	3.347	3.501	0.008
	组内	260.986	273	0.956		
	总计	274.374	277			
G3 平台使用	组间	7.305	4	1.826	1.911	0.109
	组内	260.968	273	0.956		
	总计	268.273	277			
H1 供销波动	组间	8.112	4	2.028	1.781	0.133
	组内	310.942	273	1.139		
	总计	319.054	277			
H2 金融波动	组间	9.769	4	2.442	2.337	0.056
	组内	285.328	273	1.139		
	总计	319.054	277			
H3 竞争预测	组间	7.179	4	1.795	1.821	0.125
	组内	269.080	273	1.045		
	总计	276.259	277			
H4 偏好预测	组间	4.575	4	1.144	1.125	0.345
	组内	277.544	273	1.017		
	总计	282.119	277			
H5 环境不确定	组间	5.961	4	1.490	1.648	0.163
	组内	246.935	273	0.905		
	总计	252.896	277			
I1 完善基础	组间	12.514	4	3.129	3.240	0.013
	组内	263.605	273	0.966		
	总计	276.119	277			

ANOVA						
变量		平方角	自由度	均方	F	显著性
I2 筛选信息	组间	4.888	4	1.222	1.371	0.244
	组内	243.385	273	0.892		
	总计	248.273	277			
I3 库存管理	组间	11.139	4	2.785	2.965	0.020
	组内	255.438	272	0.939		
	总计	266.678	276			

根据上述方差结果，可以得到以下结论。

（1）自变量与平均利润的关系。与平均利润有显著性关系的因素有：仓储成本、盗版行为、夸大宣传、规范环境、结汇方式、恢复能力、适应能力、业务操作、完善基础、库存管理、共享专有信息、数据可视化、决策辅助、先进分析系统。

（2）自变量与交易成本的关系。与交易成本有显著性关系的因素有：仓储成本、规范环境、寻找货源、便捷翻译、流量分配、搜索成本、恢复能力、适应能力、调整能力、满足突发需求、供需波动、环境不确定、筛选信息、销售管理、数据可视化、决策辅助、先进分析系统。

（3）自变量与物流成本的关系。与物流成本有显著性关系的因素有：仓储成本、盗版行为、关税流程、结汇方式、寻找货源、衍生服务、便捷翻译、调整能力、竞争预测、筛选信息、数据可视化、决策辅助、先进分析系统。

（4）自变量与销售增长率的关系。与销售增长率有显著性关系的因素有：结汇方式、客户信息、便捷翻译、搜索成本、适应能力、准确推出、业务操作、供需波动、偏好预测、完善基础、筛选信息、共享专有信息、数据可视化、决策辅助和先进分析系统。

（5）自变量与市场份额的关系。与市场份额有显著性关系的因素有：便捷支付、客户信息、便捷翻译、及时支付和先进分析系统。

（6）自变量与市场响应的关系。与市场响应有显著性关系的因素有：

促销活动、数据可视化、决策辅助。

4.7.5 因子分析

利用 SPSS 带有的因子分析功能，对本次调查结果数据进行分析，得到的结果如表 4 – 57 所示。

表 4 – 57 因子分析结果 1

KMO 和巴特利特检验		
KMO 取样适切性量数		0.496
巴特利特球形度检验	近似卡方	2142.175
	自由度	1596
	显著性	0.000

根据结果可知，KMO 值为 0.496，接近 0.5，说明勉强适合进行分析。接下来，对数据进行因子分析，结果如表 4 – 58 所示。

表 4 – 58 因子分析结果 2

公因子方差		
变量	初始	提取
H4 偏好预测	1.000	0.770
H5 环境不确定	1.000	0.665
I1 完善基础	1.000	0.649
I2 筛选信息	1.000	0.737
I3 库存管理	1.000	0.711
I4 促销活动	1.000	0.742
J1 产品开发	1.000	0.672
J2 采购管理	1.000	0.678
J3 销售管理	1.000	0.670
J4 跨境交易	1.000	0.759
K1 共享专有信息	1.000	0.736
K2 数据可视化	1.000	0.745
K3 决策辅助	1.000	0.615

公因子方差		
变量	初始	提取
K4 先进分析系统	1.000	0.632
L1 平均利润	1.000	0.649
L2 交易成本	1.000	0.638
L3 物流成本	1.000	0.654
M1 销售增长率	1.000	0.701
M2 市场价格	1.000	0.637
M3 市场效应	1.000	0.670

在对数据进行因子分析的同时输出所有变量的总方差分析表,以便观察因子分析的结果对因变量的解释情况,方差分析的结果如表 4 - 59 所示。

表 4 - 59　　　　　　　　　　总方差解释

成分	总计	方差百分比	累计百分比
1	3.139	5.508	5.508
2	2.765	4.852	10.359
3	2.317	4.066	14.425
4	2.207	3.873	18.298
5	2.084	3.656	21.954
6	2.044	3.587	25.541
7	1.848	3.242	28.783
8	1.755	3.079	31.862
9	1.635	2.868	34.729
10	1.550	2.719	37.488
11	1.479	2.594	40.043
12	1.421	2.492	42.535
13	1.400	2.457	44.992
14	1.393	2.444	47.435
15	1.335	2.343	49.788

续表

成分	总计	方差百分比	累计百分比
16	1.283	2.250	52.028
17	1.251	2.194	54.223
18	1.236	2.168	56.391
19	1.208	2.119	58.510
20	1.180	2.071	60.581
21	1.105	1.938	62.519
22	1.090	1.912	64.431
23	1.021	1.792	66.223
24	1.003	1.759	67.982

本次共提取了 24 个主成分，而这 24 个主成分的方差解释率为 67.982%，说明这 24 个主成分能够表达 37 个分析项的 67.982%，效果一般。说明跨境电商平台的相关因素没有突出因子对企业绩效产生影响。

4.7.6 回归分析

本次调查作出如下假设：A、B、C、D、E、F、G、H、I、J、K 类因素（称为自变量）对企业绩效没有影响。得到的结果如下所述。

4.7.6.1 自变量与平均利润的关系

回归分析结果如表 4 -60、表 4 -61 和图 4 -14 所示。

表 4 -60 回归分析结果 1

ANOVA[a]					
模型		平方和	自由度	均方	F	显著性
1	回归	87.109	44	1.980	2.311	0.000[b]
	残差	198.747	232	0.857		
	总计	285.856	276			

注：a 因变量为 L1 平均利润。b 代表 P < 0.05，表示二者有显著差异性。

表 4 - 61 回归分析结果 2

自变量	未标准化系数		标准化系数	t	显著性
	B	标准错误	Beta		
（常量）	2.245	0.849		2.644	0.009
A1 速度与质量	-0.027	0.060	-0.077	-1.207	0.228
A2 相关速度	0.034	0.058	0.039	0.590	0.556
A3 物流信息	-0.068	0.070	-0.062	-0.962	0.337
A4 仓储成本	0.052	0.075	0.045	0.692	0.490
B1 盗版行为	0.030	0.063	0.031	0.466	0.642
B2 夸大宣传	-0.080	0.071	-0.077	-1.128	0.261
B3 规范环境	0.018	0.070	0.017	0.263	0.793
C1 便捷支付	-0.029	0.063	-0.031	-0.463	0.644
C2 关税流程	-0.015	0.066	-0.015	-0.221	0.825
C3 抽成比例	-0.031	0.057	-0.035	-0.536	0.593
C4 结汇方式	0.151	0.064	0.158	2.352	0.020
D1 寻找资源	0.054	0.064	0.056	0.838	0.403
D2 客户信息	0.003	0.068	0.003	0.046	0.964
D3 衍生服务	-0.044	0.068	-0.043	-0.644	0.520
E1 推广成本	-0.049	0.072	-0.046	-0.667	0.499
E2 便捷翻译	-0.051	0.075	-0.047	-0.680	0.497
E3 流量分配	-0.013	0.067	-0.013	-0.193	0.847
E4 搜索成本	-0.085	0.065	-0.081	-1.304	0.194
F1 恢复能力	0.101	0.068	0.093	1.479	0.140
F2 适应能力	-0.022	0.069	-0.021	-0.321	0.748
F3 调节能力	0.097	0.064	0.098	1.511	0.132
F4 满足需求	-0.114	0.073	-0.107	-1.550	0.122
F5 及时支付	-0.033	0.068	-0.032	-0.487	0.627
F6 准确推出	0.005	0.067	0.005	0.070	0.944
G1 使用平台	-0.069	0.066	-0.068	-1.045	0.297

续表

自变量	未标准化系数		标准化系数	t	显著性
	B	标准错误	Beta		
G2 业务操作	− 0.109	0.067	− 0.107	− 1.636	0.103
G3 清楚政策	0.004	0.069	0.004	0.064	0.949
H1 供销波动	0.027	0.063	0.028	0.430	0.668
H2 证券波动	0.181	0.062	0.184	2.908	0.004
H3 竞争利润					
H4 偏好利润	0.039	0.071	0.034	0.552	0.582
H5 环境不确定	− 0.110	0.081	− 0.091	− 1.363	0.174
I1 完善基础	− 0.043	0.079	− 0.038	− 0.548	0.584
I2 筛选信息	− 0.100	0.083	− 0.082	− 1.209	0.228
I3 库存管理	0.091	0.077	0.078	1.188	0.236
I4 促销活动	0.037	0.073	0.033	0.504	0.615

（表头上方标注：系数）

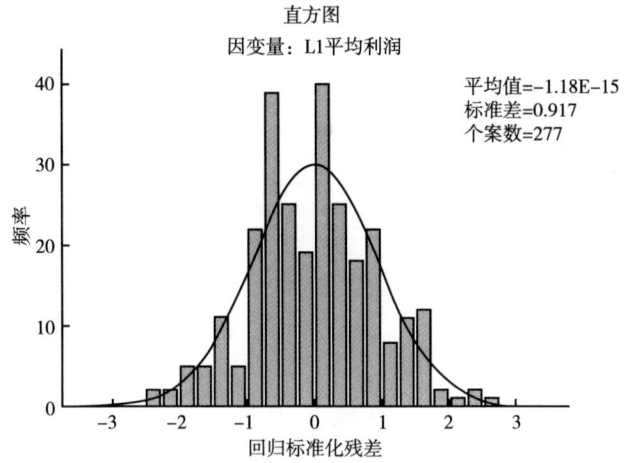

图 4 – 14　回归分析结果 3

根据以上分析结果，可以得到以下结论：拒绝原假设，与平均利润具有显著性关系的因素有结汇方式、库存管理和先进分析系统。

4.7.6.2　自变量与交易成本的关系

回归分析结果如表 4 – 62、表 4 – 63 和图 4 – 15 所示。

表 4 - 62   **回归分析结果 1**

ANOVAᵃ					
模型		平方和	自由度	均方	F	显著性
1	回归	97.949	44	2.226	1.925	0.001ᵇ
	残差	268.354	232	1.157		
	总计	366.303	276			

注：a 因变量为 L2 交易成本。b 代表 P < 0.05，表示二者有显著差异性。

表 4 - 63   **回归分析结果 2**

系数					
自变量	未标准化系数		标准化系数	t	显著性
	B	标准错误	Beta		
（常量）	3.227	0.987		3.270	0.001
A1 速度与质量	0.084	0.069	0.079	1.209	0.228
A2 相关速度	0.095	0.068	0.096	1.409	0.160
A3 物流信息	-0.089	0.082	-0.072	-1.088	0.278
A4 仓储成本	0.025	0.087	0.019	0.286	0.775
B1 盗版行为	-0.021	0.074	-0.019	-0.285	0.776
B2 夸大宣传	-0.095	0.082	-0.082	-1.161	0.247
B3 规范环境	0.142	0.081	0.119	1.749	0.082
C1 便捷支付	0.016	0.073	0.015	0.216	0.829
C2 关税流程	-0.014	0.076	-0.013	-0.189	0.851
C3 抽成比例	0.038	0.066	0.038	0.577	0.564
C4 结汇方式	0.057	0.074	0.053	0.770	0.442
D1 寻找资源	-0.047	0.075	-0.043	-0.627	0.532
D2 客户信息	-0.029	0.080	-0.026	-0.359	0.720
D3 衍生服务	0.126	0.079	0.109	1.595	0.112
E1 推广成本	-0.195	0.084	-0.164	-2.236	0.021
E2 便捷翻译	-0.120	0.087	-0.099	-1.382	0.168
E3 流量分配	-0.006	0.078	-0.005	-0.076	0.939
E4 搜索成本	-0.153	0.076	-0.129	-2.020	0.045
F1 恢复能力	-0.072	0.079	-0.059	-0.907	0.365
F2 适应能力	-0.003	0.080	-0.002	-0.037	0.971

自变量	未标准化系数		标准化系数	t	显著性
	B	标准错误	Beta		
F3 调节能力	-0.043	0.074	-0.038	-0.575	0.566
F4 满足需求	-0.034	0.085	-0.028	-0.398	0.691
F5 及时支付	0.005	0.079	0.004	0.061	0.951
F6 准确推出	0.006	0.077	0.005	0.078	0.938
G1 使用平台	-0.118	0.077	-0.101	-1.523	0.129
G2 业务操作	-0.015	0.078	-0.013	-0.187	0.852
G3 清楚政策	0.010	0.080	0.009	0.129	0.897
H1 供销波动	-0.079	0.073	-0.074	-1.090	0.277
H2 证券波动	-0.036	0.072	-0.032	-0.496	0.620
H3 竞争利润	0.068	0.077	0.059	0.887	0.376
H4 偏好利润	0.039	0.071	0.034	0.552	0.582
H5 环境不确定	-0.110	0.081	-0.091	-1.363	0.174
I1 完善基础	-0.043	0.079	-0.038	-0.548	0.584
I2 筛选信息	-0.100	0.083	-0.082	-1.209	0.228
I3 库存管理	0.091	0.077	0.078	1.188	0.236
I4 促销活动	0.037	0.073	0.033	0.504	0.615

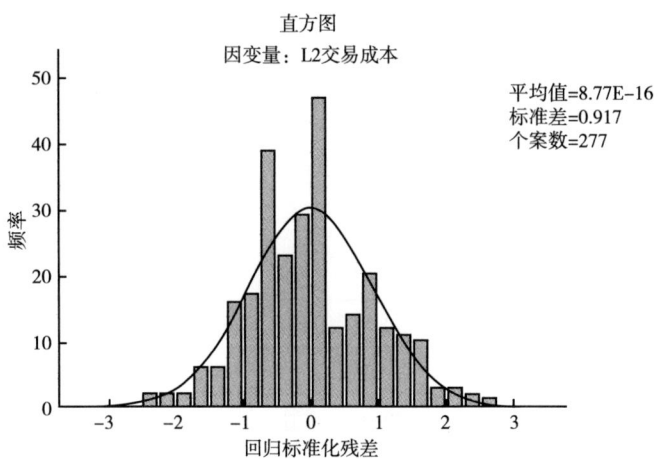

图 4-15　回归分析结果 3

根据以上分析结果，可以得到以下结论：拒绝原假设，与交易成本具有显著性关系的因素有推广成本、搜索成本、决策辅助和先进分析系统。

4.7.6.3 自变量与物流成本的关系

回归分析结果如表 4-64、表 4-65 和图 4-16 所示。

表 4-64 回归分析结果 1

	模型	平方和	自由度	均方	F	显著性
			ANOVA[a]			
1	回归	131.287	44	2.984	2.743	0.000[b]
	残差	252.410	232	1.088		
	总计	383.697	276			

注：a 因变量为 L3 物流成本。b 代表 $P < 0.05$，表示二者有显著差异性。

表 4-65 回归分析结果 2

自变量	未标准化系数		标准化系数	t	显著性
	B	标准错误	Beta		
			系数		
（常量）	0.429	0.957		0.448	0.655
A1 速度与质量	0.066	0.067	0.061	0.983	0.327
A2 相关速度	0.042	0.065	0.041	0.639	0.524
A3 物流信息	-0.119	0.079	-0.094	-1.504	0.134
A4 仓储成本	0.242	0.085	0.181	2.867	0.005
B1 盗版行为	0.074	0.071	0.067	1.042	0.299
B2 夸大宣传	-0.038	0.080	-0.032	-0.474	0.636
B3 规范环境	0.006	0.078	0.005	0.079	0.937
C1 便捷支付	0.038	0.071	0.034	0.529	0.597
C2 关税流程	-0.061	0.074	-0.053	-0.824	0.411
C3 抽成比例	-0.009	0.064	-0.008	-0.132	0.895
C4 结汇方式	0.047	0.072	0.043	0.651	0.516
D1 寻找资源	0.067	0.073	0.060	0.921	0.358
D2 客户信息	0.031	0.077	0.028	0.405	0.686

自变量	系数				
	未标准化系数		标准化系数	t	显著性
	B	标准错误	Beta		
D3 衍生服务	− 0. 104	0. 077	− 0. 087	− 1. 352	0. 178
E1 推广成本	− 0. 062	0. 082	0. 051	0. 759	0. 448
E2 便捷翻译	0. 077	0. 084	0. 062	0. 916	0. 361
E3 流量分配	− 0. 073	0. 076	− 0. 062	− 0. 967	0. 335
E4 搜索成本	0. 074	0. 074	0. 061	1. 000	0. 318
F1 恢复能力	− 0. 185	0. 077	− 0. 148	− 2. 407	0. 017
F2 适应能力	0. 010	0. 078	0. 009	0. 134	0. 893
F3 调节能力	0. 140	0. 072	0. 122	1. 939	0. 054
F4 满足需求	− 0. 052	0. 083	− 0. 042	− 0. 625	0. 533
F5 及时支付	− 0. 035	0. 077	− 0. 029	− 0. 452	0. 652
F6 准确推出	− 0. 011	0. 075	− 0. 009	− 0. 146	0. 884
G1 使用平台	0. 039	0. 075	0. 033	0. 526	0. 599
G2 业务操作	0. 001	0. 075	0. 001	0. 019	0. 985
G3 清楚政策	− 0. 101	0. 077	− 0. 084	− 1. 310	0. 191
H1 供销波动	− 0. 004	0. 070	− 0. 004	− 0. 058	0. 953
H2 证券波动	− 0. 100	0. 070	− 0. 087	− 1. 418	0. 158
H3 竞争利润	0. 277	0. 075	0. 193	3. 041	0. 003
H4 偏好利润	0. 019	0. 069	0. 016	0. 273	0. 785
H5 环境不确定	− 0. 104	0. 078	− 0. 084	− 1. 330	0. 185
I1 完善基础	0. 087	0. 077	0. 074	1. 133	0. 258
I2 筛选信息	− 0. 055	0. 081	− 0. 044	− 0. 679	0. 498
I3 库存管理	0. 043	0. 075	0. 036	0. 580	0. 563
I4 促销活动	0. 026	0. 071	0. 023	0. 369	0. 713

根据以上分析结果，可以得到以下结论：拒绝原假设，与物流成本具有显著性关系的因素有仓储成本、恢复能力、调节能力、竞争利润、先进分析系统。

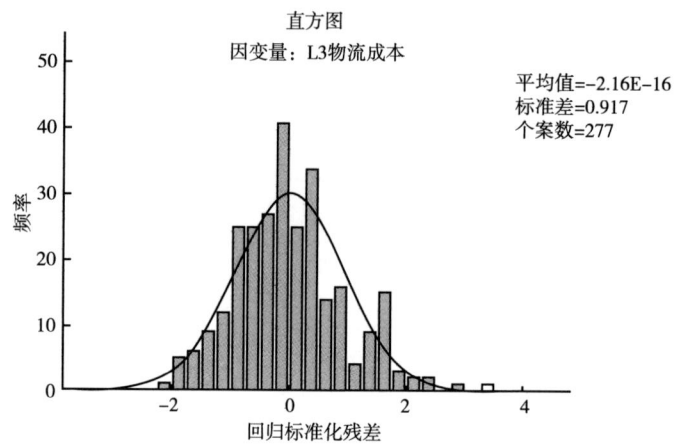

图 4 - 16　回归分析结果 3

4.7.6.4　自变量与销售增长率的关系

回归分析结果如表 4 - 66、表 4 - 67 和图 4 - 17 所示。

表 4 - 66　　　　　　　　　回归分析结果 1

ANOVA^a

模型		平方和	自由度	均方	F	显著性
1	回归	157. 052	44	3. 569	3. 343	0. 000^b
	残差	219. 929	206	1. 068		
	总计	376. 980	250			

注：a 因变量为 M1 销售增长率。b 代表 P < 0. 05，表示二者有显著差异性。

表 4 - 67　　　　　　　　　回归分析结果 2

系数					
自变量	未标准化系数		标准化系数	t	显著性
	B	标准错误	Beta		
（常量）	1. 113	0. 965		1. 153	0. 250
A1 速度与质量	0. 124	0. 069	0. 111	1. 791	0. 075
A2 相关速度	0. 080	0. 067	0. 078	1. 204	0. 230
A3 物流信息	− 0. 180	0. 082	− 0. 134	− 2. 182	0. 030
A4 仓储成本	0. 110	0. 088	0. 080	1. 244	0. 215
B1 盗版行为	− 0. 121	0. 075	− 0. 101	− 1. 610	0. 109

续表

	系数				
自变量	未标准化系数		标准化系数	t	显著性
	B	标准错误	Beta		
B2 夸大宣传	− 0.004	0.087	− 0.032	− 0.560	0.613
B3 规范环境	0.032	0.082	0.024	0.388	0.699
C1 便捷支付	0.044	0.076	0.038	0.575	0.566
C2 关税流程	− 0.127	0.079	− 0.104	− 1.607	0.110
C3 抽成比例	0.110	0.068	0.100	1.630	0.105
C4 结汇方式	0.001	0.075	0.000	0.007	0.994
D1 寻找资源	0.040	0.075	0.033	0.532	0.595
D2 客户信息	− 0.141	0.080	− 0.121	− 1.758	0.080
D3 衍生服务	0.020	0.081	0.016	0.248	0.804
E1 推广成本	− 0.003	0.085	− 0.003	− 0.037	0.970
E2 便捷翻译	− 0.026	0.086	− 0.020	− 0.299	0.765
E3 流量分配	0.006	0.079	0.005	0.072	0.943
E4 搜索成本	0.137	0.077	0.108	1.784	0.076
F1 恢复能力	0.094	0.080	0.073	1.163	0.246
F2 适应能力	0.025	0.081	0.020	0.314	0.754
F3 调节能力	− 0.273	0.081	− 0.218	− 3.381	0.001
F4 满足需求	0.058	0.085	0.045	0.680	0.497
F5 及时支付	− 0.008	0.081	− 0.006	− 0.101	0.919
F6 准确推出	0.078	0.076	0.063	1.020	0.309
G1 使用平台	0.016	0.076	0.013	0.214	0.831
G2 业务操作	0.047	0.077	0.037	0.607	0.545
G3 清楚政策	0.043	0.079	0.036	0.547	0.585
H1 供销波动	− 0.112	0.077	− 0.094	− 1.451	0.148
H2 证券波动	0.039	0.073	0.033	0.532	0.595
H3 竞争利润	− 0.030	0.075	− 0.025	− 0.402	0.688
H4 偏好利润	0.104	0.069	0.088	1.496	0.136
H5 环境不确定	− 0.174	0.079	− 0.136	− 2.205	0.029
I1 完善基础	0.128	0.079	0.104	1.612	0.108
I2 筛选信息	− 0.038	0.082	− 0.030	− 0.460	0.646
I3 库存管理	0.069	0.075	0.056	0.914	0.362
I4 促销活动	0.092	0.076	0.076	1.197	0.233

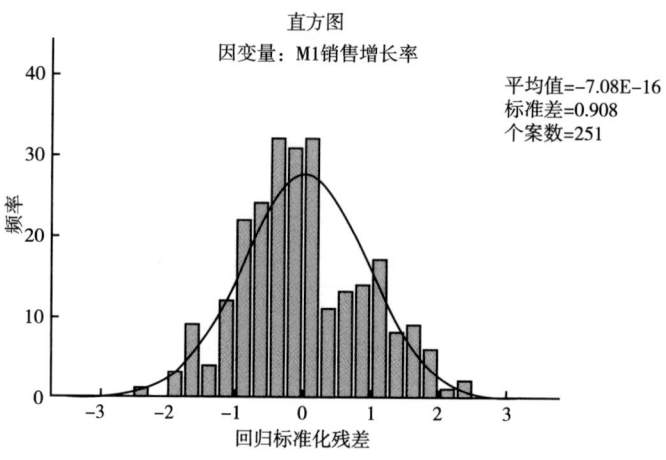

图 4-17 回归分析结果 3

根据以上分析结果,可以得到以下结论:拒绝原假设,与销售增长率具有显著性关系的因素有物流信息、调节能力、环境不确定、决策辅助、先进分析系统。

4.7.6.5 自变量与市场份额的关系

回归分析结果如表 4-68、表 4-69 和图 4-18 所示。

表 4-68 回归分析结果 1

ANOVAa						
模型		平方和	自由度	均方	F	显著性
1	回归	114.504	44	2.602	2.551	0.000b
	残差	210.126	206	1.020		
	总计	324.629	250			

注:a 因变量为 M2 市场份额。b 代表 P < 0.05,表示二者有显著差异性。

表 4-69 回归分析结果 2

系数					
自变量	未标准化系数		标准化系数	t	显著性
	B	标准错误	Beta		
(常量)	1.113	0.965		1.153	0.250
A1 速度与质量	0.124	0.069	0.111	1.791	0.075

续表

自变量	未标准化系数		标准化系数	t	显著性
	B	标准错误	Beta		
A2 相关速度	0.080	0.067	0.078	1.204	0.230
A3 物流信息	-0.180	0.082	-0.134	-2.182	0.030
A4 仓储成本	0.110	0.088	0.080	1.244	0.215
B1 盗版行为	-0.121	0.075	-0.101	-1.610	0.109
B2 夸大宣传	-0.004	0.087	-0.032	-0.560	0.613
B3 规范环境	0.032	0.082	0.024	0.388	0.699
C1 便捷支付	0.044	0.076	0.038	0.575	0.566
C2 关税流程	-0.127	0.079	-0.104	-1.607	0.110
C3 抽成比例	0.110	0.068	0.100	1.630	0.105
C4 结汇方式	0.001	0.075	0.000	0.007	0.994
D1 寻找资源	0.040	0.075	0.033	0.532	0.595
D2 客户信息	-0.141	0.080	-0.121	-1.758	0.080
D3 衍生服务	0.020	0.081	0.016	0.248	0.804
E1 推广成本	-0.003	0.085	-0.003	-0.037	0.970
E2 便捷翻译	-0.026	0.086	-0.020	-0.299	0.765
E3 流量分配	0.006	0.079	0.005	0.072	0.943
E4 搜索成本	0.137	0.077	0.108	1.784	0.076
F1 恢复能力	0.094	0.080	0.073	1.163	0.246
F2 适应能力	0.025	0.081	0.020	0.314	0.754
F3 调节能力	-0.273	0.081	-0.218	-3.381	0.001
F4 满足需求	0.058	0.085	0.045	0.680	0.497
F5 及时支付	-0.008	0.081	-0.006	-0.101	0.919
F6 准确推出	0.078	0.076	0.063	1.020	0.309
G1 使用平台	0.016	0.076	0.013	0.214	0.831
G2 业务操作	0.047	0.077	0.037	0.607	0.545
G3 清楚政策	0.043	0.079	0.036	0.547	0.585
H1 供销波动	-0.112	0.077	-0.094	-1.451	0.148

系数

续表

系数					
自变量	未标准化系数		标准化系数	t	显著性
	B	标准错误	Beta		
H2 证券波动	0.039	0.073	0.033	0.532	0.595
H3 竞争利润	− 0.030	0.075	− 0.025	− 0.402	0.688
H4 偏好利润	0.104	0.069	0.088	1.496	0.136
H5 环境不确定	− 0.174	0.079	− 0.136	− 2.205	0.029
I1 完善基础	0.128	0.079	0.104	1.612	0.108
I2 筛选信息	− 0.038	0.082	− 0.030	− 0.460	0.646
I3 库存管理	0.069	0.075	0.056	0.914	0.362
I4 促销活动	0.092	0.076	0.076	1.197	0.233

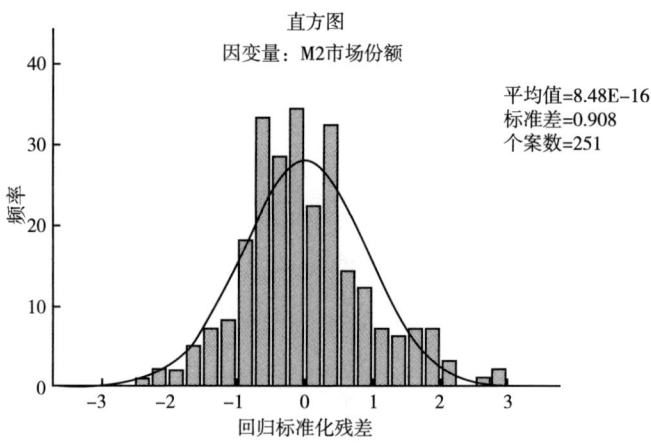

图 4 - 18　回归分析结果 3

根据以上分析结果，可以得到以下结论：拒绝原假设，与市场份额具有显著性关系的因素有物流信息、便捷支付、抽成比例、搜索成本、供需波动、产品开发、先进分析系统。

4.7.6.6　自变量与市场份额的关系

回归分析结果如表 4 - 70、表 4 - 71 和图 4 - 19 所示。

表 4 - 70　　　　　　　　　　　回归分析结果 1

ANOVA^a					
模型		平方和	自由度	均方	F	显著性
1	回归	48.881	44	1.111	1.231	0.179^b
	残差	138.958	154	0.902		
	总计	187.839	198			

注：a 因变量为 M3 市场响应。b 代表 P < 0.05，表示二者有显著差异性。

表 4 - 71　　　　　　　　　　　回归分析结果 2

系数					
自变量	未标准化系数		标准化系数	t	显著性
	B	标准错误	Beta		
（常量）	2.892	0.917		3.152	0.002
A1 速度与质量	- 0.064	0.069	- 0.073	- 0.924	0.357
A2 相关速度	- 0.108	0.066	- 0.132	- 1.629	0.105
A3 物流信息	- 0.076	0.081	- 0.76	- 0.939	0.349
A4 仓储成本	0.054	0.094	0.047	0.576	0.565
B1 盗版行为	0.052	0.080	0.050	0.647	0.519
B2 夸大宣传	- 0.022	0.093	- 0.019	- 0.233	0.816
B3 规范环境	- 0.129	0.084	- 0.122	- 1.529	0.128
C1 便捷支付	- 0.117	0.077	- 0.121	- 1.520	0.131
C2 关税流程	0.073	0.082	0.072	0.887	0.377
C3 抽成比例	- 0.092	0.074	- 0.102	- 1.249	0.214
C4 结汇方式	0.070	0.078	0.073	0.899	0.370
D1 寻找资源	- 0.009	0.076	- 0.010	- 0.120	0.905
D2 客户信息	0.126	0.087	0.129	1.499	0.149
D3 衍生服务	- 0.078	0.084	- 0.077	- 0.931	0.353
E1 推广成本	0.042	0.090	0.040	- 0.460	0.646
E2 便捷翻译	0.037	0.091	0.034	0.401	0.689
E3 流量分配	- 0.003	0.082	- 0.003	- 0.035	0.972
E4 搜索成本	- 0.025	0.078	- 0.026	- 0.322	0.748
F1 恢复能力	- 0.015	0.079	- 0.016	- 0.196	0.845
F2 适应能力	0.013	0.078	0.014	0.170	0.865

自变量	未标准化系数		标准化系数	t	显著性
	B	标准错误	Beta		
F3 调节能力	-0.169	0.084	-0.171	-2.208	0.044
F4 满足需求	0.059	0.085	0.060	0.697	0.487
F5 及时支付	0.070	0.086	0.067	0.817	0.415
F6 准确推出	0.062	0.079	0.065	0.829	0.409
G1 使用平台	0.076	0.073	0.081	0.967	0.335
G2 业务操作	0.062	0.080	0.065	0.850	0.397
G3 清楚政策	0.021	0.080	0.022	0.256	0.798
H1 供销波动	-0.151	0.081	-0.156	-1.864	0.064
H2 证券波动	-0.079	0.071	-0.090	-1.116	0.266
H3 竞争利润	0.013	0.083	0.012	0.152	0.879
H4 偏好利润	-0.134	0.074	-0.145	-1.805	0.073
H5 环境不确定	0.013	0.082	-0.008	-0.100	0.920
I1 完善基础	0.022	0.079	0.022	0.277	0.783
I2 筛选信息	0.158	0.084	0.163	1.886	0.061
I3 库存管理	-0.073	0.080	-0.072	-0.917	0.360
I4 促销活动	-0.180	0.080	-0.179	-2.237	0.027

系数

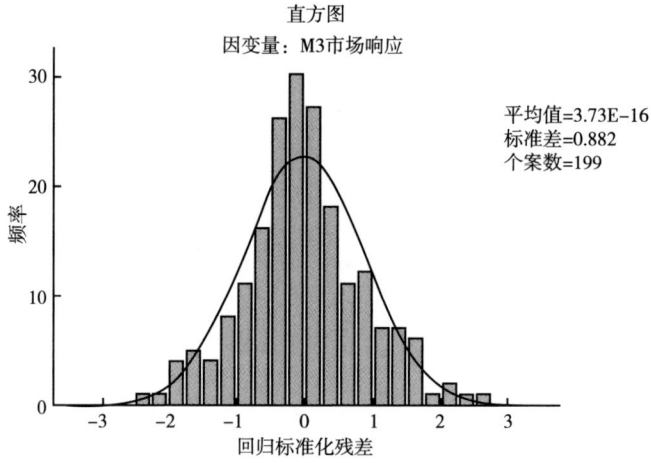

图 4 – 19　回归分析结果 3

根据以上分析结果，可以得到以下结论：拒绝原假设，与市场响应具有显著性关系的因素有调节能力、促销活动。

综上所述，与企业绩效具有显著性关系的因素如表4-72所示。

表4-72　　　　　　　　　　回归分析结果综述

		平均利润	结汇方式、库存管理和先进分析系统
	财务绩效	交易成本	推广成本、搜索成本、决策辅助和先进分析系统
企业绩效		物流成本	仓储成本、恢复能力、调节能力、竞争利润、先进分析系统
		销售增长率	物流信息、调节能力、环境不确定、决策辅助、先进分析系统
	运营绩效	市场份额	物流信息、便捷支付、抽成比例、搜索成本、供需波动、产品开发、先进分析系统
		市场响应	调节能力、促销活动

4.8　结论与建议

本次调查利用 SPSS 分析软件，通过描述性分析、方差分析、相关分析、因子分析等分析方法对调查结果进行分析，得出以下结论。

（1）跨境电商平台运输速度与质量和销售增长率相关，且为正相关关系。

（2）跨境电商平台报关速度和交易成本相关，且为正相关关系。

（3）跨境电商平台仓储成本和物流成本相关，且为正相关关系。

（4）跨境电商对专利、版权侵权、盗版行为打击程度与物流成本呈现正相关关系。

（5）跨境电商拥有便捷的电子支付、兼容的第三方支付，与市场份额呈现显著的相关关系，且为负相关。

（6）跨境电商平台的抽成比例与销售增长率、市场份额呈现显著的相关关系，皆为正相关。

（7）跨境电商平台的结汇方式多样、简便，与平均利润呈现显著的相关关系，且为正相关关系。

（8）跨境电商平台提供跨境客户的需求，共享客户信息，解决双方信息不对称问题，与销售增长率有显著的相关关系，且为正相关。

（9）跨境电商平台开拓新市场、推荐新产品时的推广营销成本与交易成本有显著的相关关系，为负相关。

（10）跨境电商平台免费翻译和针对小语种市场的便捷程度与交易成本有显著的相关关系，为负相关。

（11）跨境电商平台流量分配对企业的公平性、有效性与平均利润有显著的相关关系，为正相关。

（12）跨境电商平台降低了客户对企业产品的搜索成本和交易成本，与交易成本有显著的相关关系，为负相关。

（13）供应链在供需不可预测时迅速变换行动方向或调整行动策略的能力与物流成本有显著的相关关系，为正相关。

（14）供应链的物流能力可以随着市场需求和环境变化迅速调整满足突发需求，与销售增长率有显著的相关关系，为正相关。

（15）供应链在外界变动干扰下能及时可靠地交付产品或服务的能力与市场份额有显著的相关关系，为正相关。

（16）供应链面对市场变化能及时准确地推出更适合需求的产品或服务的能力与销售增长率有显著的相关关系，为正相关。

（17）认为使用线上平台是困难的，与交易成本、市场份额有显著的相关，与市场份额为正相关关系，与交易成本为负相关。

（18）新技术的出现导致行业竞争位势的波动和调整与平均利润有显著的相关关系，为正相关。

（19）新竞争者的市场竞争行为和竞争能力无法预测，与平均利润、物流成本有显著的相关关系，为正相关。

（20）自然环境和社会环境的不确定性与销售增长率有显著的相关关系，为负相关。

（21）企业有完善的 IT 基础设备，包括办公所需的硬件和客户管理系统，与平均利润有显著的相关关系，为负相关。

（22）企业评估、吸收并应用从外部获得的新知识，能够筛选出有用的互联网信息，进行资源整合，解决实际问题，以提高效率的能力，与交易成本、物流成本有显著的相关关系，为负相关。

（23）企业使用 IT 进行订单处理、货品计价、结算、装货、配送信息处理、仓库理货和库存管理的能力与平均利润有显著的相关关系，为正相关。

（24）企业使用 IT 收集顾客和市场信息，分析产品销售趋势和顾客喜好，进行新产品规划，加强与经销商的联系、沟通，发现产品质量和顾客服务方面的问题，并加以改进；同时与经销商共同进行产品定价，开展促销活动，获取产品的市场销售信息，决定不同产品的库存的能力，与市场响应有显著的相关关系。

（25）使用 IT 集成能力进行新产品或服务开发与市场份额有显著的相关关系，为正相关。

（26）使用 IT 集成能力对跨境交易过程进行管理与市场份额有显著的相关关系，且为正相关。

（27）企业使用先进的工具分析数据（如仿真与优化等），对从多个来源收集的数据进行数据分析（如公司报告、推文等），使用数据可视化技术帮助决策者理解从大数据中提取的复杂信息的能力，与物流成本有显著的相关关系，且为正相关。

（28）通过大数据分析系统化地执行大数据分析规划流程，调整大数据分析计划，更好地适应变化的商业环境。当我们用大数据分析管理能力决策时，我们会考虑和估计它们对员工工作效率的影响，决策将在多大程度上帮助我们获客，管理者需要花费多少时间来监督这些变化，这与平均利润、交易成本、物流成本、销售增长率、市场份额和市场响应有显著的相关关系，且为正相关。

（29）与竞争对手相比，我们拥有更先进的分析系统。分析出的数据结果得到多数人认可，我们的软件或网址界面易于使用，数据很容易跨平台传输和使用，这与平均利润、交易成本、物流成本、销售增长率、市场份额和市场响应有显著的相关关系，且为正相关。

（30）从跨境电商平台的网站设计来看，要注重产品展示和平台设计的色彩匹配，要符合客户的审美要求。跨境电商网站和平台设计师不仅需要掌握网站制作的基本技术，还需要掌握网站的风格、配色等设计艺术。在整体上分析跨境电商网站后，进一步选择整体色调，然后选择中心纯色后，安排配色设计，最后注重设计的人性化，使得色彩的搭配更加完美。

通过上述分析结论，给出以下建议。

（1）重视先进技术的运用，先进技术的运用能够减少人力、物力成本，带给客户更加真实、便捷的体验，从而提升客户满意度。

（2）重视客户需求，以客户需求为导向，并且注重竞争对手在客户推广方面采取的一些措施，及时制定反制措施。

（3）注意顺应市场潮流和行业动向，从政策颁布、行业报告、股份市场等方面预测市场动态，从而作出针对性的商品出售。

（4）改进自身企业的产品供应链，跨境电商业务比较注重供应链的敏捷度和市场反应度，企业需要在这方面加大改进力度。

（5）跨境电商平台的结汇方式也对企业绩效产生重要影响，多样的结汇方式也会让企业获得更多的订单。

（6）实现企业技术及发展模式的变革。通过不断增强跨境电商平台的功能和作用，逐步构建企业的核心竞争力。

（7）强化国外市场调研。跨境电子商务交易对象遍布全球，各国经济、政治、法律不同，人们的消费习惯、爱好、文化习俗等方面也存在着差异，因此做好充分的市场调研十分重要。

第5章

出口跨境电商的影响因素实证研究

郑春芳等（2021）认为，贸易两国的经济规模对中国跨境电商出口规模有正向促进作用，且贸易两国间距离不是中国跨境电商出口的阻力。此外，进口国的自身情况也会影响中国跨境电商出口的发展：进口国贸易便利化水平对中国跨境电商出口具有负向影响；进口国互联网普及率越高，中国对其跨境电商出口规模越大；进口国海关效率与中国跨境电商对其出口正相关但不显著；进口国管制环境对中国跨境电商对其出口影响不大；进口国加入"一带一路"倡议对中国跨境电商对其出口具有一定的正向促进作用。

张伟年等（2019）认为，互联网普及率的不断提高将带来跨境电子商务交易规模的扩大，物流发展水平和跨境电商发展水平呈正相关关系。此外，他们还通过相关数据的计算得出以下结论：如果有相关政策的扶持和规范，跨境电商交易额年均会增加4946亿元左右，比互联网普及率和物流发展水平的促进作用都更显著，由此可见国家政策对跨境电商发展的影响之大。

张晚冰（2019）通过对影响我国跨境电商零售出口的政策因素分析，提出以下建议：（1）政府应出台相关的政策措施，加强跨境电商商品质量监控，建立跨境电商信用体系，提供查询跨境电商平台和跨境电商企业信用记录的途径，鼓励法律机构和信用评价、秘书服务等中介机构重点发展跨境电商服务业务；（2）相关部门应设计出一套专门适用于跨境电商的海关监管模式，既能保证海关的监督稽查权，又能兼顾到跨境电商对便利性和实效性的要求；（3）政府应出台支持物流行业发展的相关政策措施，完善物流基础设施的建设。

李硕等（2022）认为，影响跨境电商发展的因素目前仍然主要集中于人才、物流、品牌化以及税收政策等方面。例如，从教育层面来看，当前高校对跨境电商人才的培养与跨境电商企业需求有一定的差距。高校输送的人才难以满足跨境电商的实际需要，这使得专业人才的缺口逐年扩大。专业人才的稀缺严重阻碍了跨境电商行业的进步，因此高校对跨境电商专业人才的培养要高度重视。

程中海等（2020）认为，国际物流作为影响中国跨境电商出口贸易便利化的最重要因素，大力完善、建设健全的国际物流供应链能在很大程度上促进我国跨境电商出口的发展。其次，国际网络营销能力对中国跨境电商出口贸易便利化水平的提升起着至关重要的作用。此外，跨境电子支付作为交易的核心环节，决定着中国跨境电商出口贸易的成败。电子信用证的应用极大地加速了外贸企业跨境电商业务的发展，收付方式选择仅次于电子信用证的影响，随着跨境电商的深入发展，衍生出多种多样的支付工具，为资金交易提供了便利，电子通关的效率决定着交易的时效性，以及消费者是否持续通过跨境电商平台进行交易。

朱鹏羽（2022）从跨境电商互联网信息化水平、跨境电商从业人员、跨境电商基础设施建设、跨境电商政策四个维度探讨了我国跨境电商发展的影响因素。第一，跨境电商互联网信息化水平是跨境电商赖以生存的基础。第二，跨境电商从业人员对我国跨境电商的发展在理论上具有正向促进作用。第三，物流、快递是跨境电商发展的重要基础设施，物流规模、物流模式和物流效率都会直接影响到跨境电商的运行情况。第四，跨境电商政策。无论是国家层面设立的跨境电商综合试验区，还是地方政府层面出台的政策，从理论上而言，都会为跨境电商发展带来积极的正向赋能作用。

本书将6个量表分别总结为6个影响因素：政策因素、市场因素、品牌因素、物流因素、支付因素、人才因素。每三个选项表示为一个因素，通过公式（Q1 + Q2 + Q3）/3 得到数值，以便后续分析。

首先进行信效度分析，发现 Cronbach Alpha 值为 0.904，说明可信度非常高，KMO 值为 0.873，符合因子检验的要求，P 值为 0.000，说明显著性极高。

其次进行描述性统计，发现 6 个因素的评分均值均在 4 左右，说明该 6 个因素对跨境电商出口发展都是比较重要的。

最后进行主成分分析，对该 6 个指标进行权重计算，发现都较为接近，说明政策因素、市场因素、品牌因素、物流因素、支付因素、人才因素对跨境电商出口发展的影响程度都很接近，其中，政策、人才两个因素影响程度比较大。

从实证分析来看，对于出口跨境电商企业，政策因素、市场因素、品牌因素、物流因素、支付因素、人才因素对跨境电商出口发展都有较大影响，其中，政策和人才两个因素影响程度比较大。

第 6 章

跨境物流的发展策略实证研究

在数字经济时代背景下，中国大力推进"互联网＋"行动，中国跨境电商产业正在迅速崛起。跨境电商是指商品交易双方处于不同国家或关境，以跨境电商平台完成买卖交易，通过跨境物流实现商品在买卖双方间流动及相关的商务活动。《世界海关组织跨境电商标准框架》提出，跨境电子商务通过降低进入壁垒和成本，为中小微企业提供了更广泛的进入海外市场的机会。鞠雪楠等（2020）、马述忠等（2021）、张洪胜等（2021）指出，跨境电商通过降低国际贸易中的信息成本等，扩大规模经济，从而显著促进我国出口贸易沿着扩展边际和集约边际实现增长。然而，跨境电商虽然带来了显著的贸易增长，但其仍然面对着诸多成本以及产业协同方面的问题，从而引发了对跨境电商与跨境物流共生协同的研究。

跨境电商生态系统由电商生态系统发展而来，却又相比于电商生态系统表现出更多的复杂性。其具体表现为，跨境电商平台是跨境电商生态系统的核心，结合跨境物流企业、跨境支付企业、外贸综合服务企业等支持企业，并通过交换物质、资源等形成一个复杂的生态系统。因此，跨境电商与其相关的支持产业之间是相对独立而又相互影响的协同发展关系。然而，目前学者对于跨境电商生态系统中各主体间的共生模式研究还较为匮乏。因此，本书通过扩展的 Logistic 增长模型和仿真，探究跨境电商生态系统中跨境电商平台和跨境物流两主体间的共生演化模式，旨在推动跨境电商生态系统相关理论在"互联网＋"等社会背景下的创新性应用，具有较强的理论与现实意义。

（1）创新生态系统理论概述。国外学者认为，创新生态系统存在于两个层面。一是由多个企业组成，存在于企业外部。如依恩斯蒂等（Iansiti et al.，2004）认为，创新生态系统是由多个为产品的生产或价值提升提供外部创新动力的组织所组成的复杂网络，在复杂网络内部，这些组织一般为产品的供应商、分销商和外包企业，为产品生产提供相关服务的制造商或技术开发商，它们影响产品的创新或被产品的创新所影响。奥蒂奥等（Autio et al.，2014）提出，创新生态系统是以产业中的核心企业或者平台为媒介，加上前端的产品生产商和后端的产品分销商，共同组成的一个良性网络，它们通过对自身所在环节的创新来不断提升产品在交易环节中的价值，保证整体网络的价值提升。二是存在于企业内部。安德纳（Adener，2006）认为，创新生态系统是企业内部的一种具有协同效应的完善的创新体系，主要目的是为迎合客户需求而形成的平衡产品的创新投入和产出成果的内部机制，它是企业内部良好创新环境的体现；杰克逊（Jackson，2011）指出，创新生态系统是企业内部各创新主体共同形成的一种良性动态关系，它涵盖企业的研发资金、生产设施、人力资源和相关企业制度，在企业进行创新时，良好的生态系统是完成创新的基础。罗马－阿霍等（Luoma-Aho et al.，2010）将创新生态系统界定为企业内部的一种交互机制，通过系统内部各组成成分的信息沟通、协作交互，从而完成不同主体之间的观念碰撞和思路创新，在这个过程中，充分的信息沟通是完成创新的最重要环节。

（2）商业生态系统理论。商业生态系统理论主要存在于企业外部。佩尔托涅米（Peleoniemi，2006）通过整理前人的研究，认为商业生态系统是一种由不同组织组成、存在于企业外部、时刻发生变化的结构复合体，这组织可以是直接参与商业行为的各种企业，也可以是为企业提供各种服务的高校、研发中心、金融机构等。扎赫拉等（Zahra et al.，2012）指出，商业生态系统可以认为是企业的外部支持网络，通过商业生态系统，企业可以从中获得商业资源、寻找合作伙伴或收集商业信息，这种网络是各企业在有意或无意间形成的一种长期合作关系或者交互沟通机制，它需要与网络内部各企业的发展战略或经营模式形成较为良性的契合关系。金等（Kim et al.，2010）则认为，商业生态系统对于企业来说，是一种增强彼此协作关系的经济联合体，它的主要作用是通过增强共生企业之间的合作关系，产生比企业单独发展更高的额外合作价值。加恩西等（Garnsey et al.，2008）则以企业交易链条为主要研究对象，认为商业生态系统的实质就是企业在进行交易的过程中，形成的一种良好的外部交易机制，这种机制由参与整个交易的企业、组织或机构共同组成。

6.1 相关文献回顾

6.1.1 跨境电商生态系统

在跨境电商生态系统构建方面，张夏恒（2016）以京东为例，构建了跨境电商生态系统并提出跨境电商生态系统构建应追求协同效应，树立生态系统思维；曹武军等（2019）探讨物流企业主导型跨境电商生态系统构建路径，发现物流企业主导型跨境电商生态系统演化路径需要经历量贩式微利发展、嵌入式服务增值、集成式综合服务等阶段；吴敏等（2015）探究了"互联网＋"背景下跨境电商生态圈存在的问题，提出跨境电商应该围绕优势资源打造核心业务集群。

在跨境电商生态系统发展对策方面，曹武军等（2019）基于演化博弈理论分析对于跨境电商生态系统，政府调控和企业主体间合作的演化行为的仿真研究，认为政府适当的调控可以保障跨境电商生态系统的稳定发展，且调控力度的大小会影响企业策略的选择。张晓东（2022）构建了跨境电商产业生态位评价体系，通过分析跨境电商综合试验区产业竞争力的综合生态位与重叠生态位，发现沈阳和大连的跨境电商综合试验区的竞争程度一般，各自有独特的竞争优势；无锡和南京、无锡和苏州的跨境电商产业竞争关系不强，无锡的跨境电商产业保持自身特色，而南京与苏州的跨境电商综合试验区具有很强的竞争关系；杭州保持独特的跨境电商优势和产业竞争力，而宁波和义乌的跨境电商产业结构与格局差异不大，竞争激烈；广州、深圳、珠海、东莞 4 个城市的跨境电商产业相似性较高，竞争关系较强，并提出跨境电商综合试验区应努力发展差异化战略，积极利用生态位优势。艾希等（Thomas Van Asch et al.，2020）从航空运输业视角出发，通过结构化访谈和 APH 方法，发现快速的信息处理等优势是吸引跨境电商的重要因素。王等（Ying Wang et al.，2020）通过对多家跨境电商企业的数据分析，发现信息、物流以及金融三个方面对提高跨境电商服务质量具有重要意义。

在跨境电商生态系统演化方面，刘江伟（2018）运用商业生态系统理论和演化博弈理论等，构建了基于种群不同策略下收益与成本的跨境电商生态系统种群内协同竞争和种群间互惠共生演进博弈模型。李春发等（2015）以电商生态系统的三个主要种群为博弈主体，建立了基于主体间独立和合作条件下收益的动态演化博弈模型和复制动态方程。

6.1.2　跨境电商平台和跨境物流共生协同

高质量的运输基础设施和物流能力是跨境电商等物流密集型产业的相对优势来源，也是跨境电商发展的重要因素。杜志平等（2020）基于平台主导的跨境电商物流联盟，构建了平台、物流和商家三者在不同策略下的博弈模型，并对其进行仿真分析，发现联盟的稳定运作离不开商家的支持，并且平台监管能够提升物流的服务质量和保障商家的合法权益。林子青（2020）构建了物种、供应链和环境三个子系统，发现浙江省跨境电商和跨境物流协同度明显高于其他地区。王逸文（2020）从博弈论角度分析了考虑通关效率的跨境电商与跨境物流的协同问题，并发现物流企业努力程度与平台监管成本及处罚力度存在相关性。卓海弟（2021）从产业共生视角，基于改进的 Logistic 模型，构建了跨境电商和跨境物流的协同模型。钱慧敏等（2017）基于扎根理论，对跨境电商与跨境物流两者协同的影响因素进行分析，证实生态环境、机制及协同能力等是双方协同最重要的因素。张赫楠等（2020）基于生态系统理论，构建跨境电商生态系统，以共生理论为视角，发现跨境电子商务生态系统的共生演进需要经历形成、扩展、领导、创新等阶段。

综上所述，虽然目前学者从不同角度研究了跨境电商和跨境物流的协同关系，但是对于探讨两者共生演进的研究还比较匮乏。面对经济形势进入新常态，跨境电商在国际贸易中越来越重要，而同时物流成本不断上升，因此研究两者的共生协同具有重要的现实意义。因此，本书首先建立在共生作用和共生环境双重影响下的科技电商和跨境物流的 Logistic 增长模型；其次通过对方程的变量分离得到关于环境容量的迭代公式，从而得到种群自然增长率；最后对不同共生模式下跨境电商和跨境物流的种群发展进行数值仿真，以此来揭示两者的共生演化路径。

6.2 跨境电商生态系统两主体演化模型

6.2.1 跨境电商与跨境物流共生演化机理

穆尔（Moore）在 1993 年提出了商业生态系统的概念，1996 年对该理论进行了详细阐述，认为经济联合体是由组织个体之间的彼此作用形成的，其成员包括核心企业、消费者、市场中介、供应商等。而张夏恒等（2016）在电子商务生态系统的基础上提出了跨境电商生态系统，跨境电商、跨境物流等物种之间无法独立生存。具体而言，跨境电商平台、跨境物流等作为跨境电商生态系统中的基本共生单元，是生态系统内部物质生产和能量交换的基础，是跨境电商生态系统形成的基础。对于跨境电商生态系统而言，跨境电商平台处于系统的核心地位，利用自身主体对资源的聚合功能和协调能力，实现物流企业、供应商、平台商家的积聚和发展；而物流企业、技术企业等支持物种则相对处于辅助地位，利用自身的互补性技术、专业能力与增值服务等为核心企业提供价值，并获取利润。同时，跨境电商生态系统的演化依赖于共生环境，其主要包括政治环境、经济环境、技术环境和社会文化环境等，为跨境电商生态系统的共生演化提供保障。最后，共生单元在共生环境中通过相互作用形成不同的共生模式（见图6-1）。

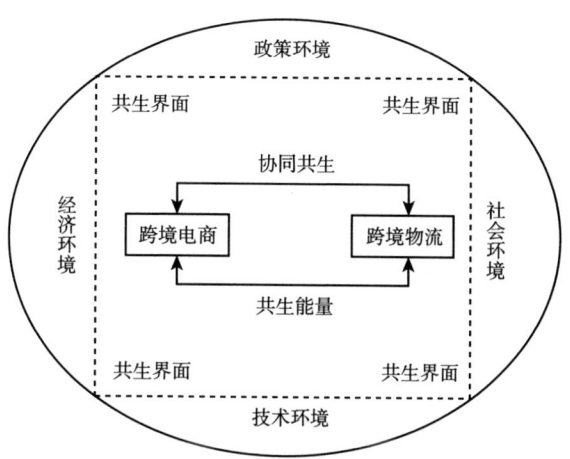

图6-1　跨境电商生态系统两主体演化概念模型

6.2.2　跨境电商和跨境物流演化模型的构建

Logistic方程是比利时数学家费尔哈斯在增长阻抗概念的启发下，将马尔萨斯方程改进到有限环境中考虑而得出的，具体形式为：

$$\mathrm{d}N(t)/\mathrm{d}t = rN(1 - N/K) \tag{6-1}$$

其中，N为种群规模，r为种群内禀增长率，K为环境容量。其中，$(1 - N/K)$为种群的增长阻抗。由式（6-1）可以看出，种群规模的增长率与K成正比。从生态学视角看，跨境电商种群规模与跨境物流种群规模受资源、技术、政策以及社会文化等环境因素约束，因此种群数量的演变受到种群密度的影响，可用Logistic增长模型描述。

6.2.2.1　共生演化分析

考虑到数据的可获取性和权威性，本书研究采用2013~2021年跨境电商交易规模和跨境物流市场规模作为产业各年的种群密度①，并对数据进行归一化处理。从图 6-2 中可以看出，2013～2021 年，跨境电商和跨境物流生产总值都呈现出逐年上升的态势，且跨境电商的种群密度始终大于跨境物流的种群密度。同时，在跨境电商发展出现放缓迹象期间（2017～2019 年），跨境物流的增长也相应出现了减缓的现象，而 2019 年后跨境物流发展速度更加强劲，这说明两者之间存在共生关系，且共生关系随时间变化而对两者的发展速度产生不同的影响。

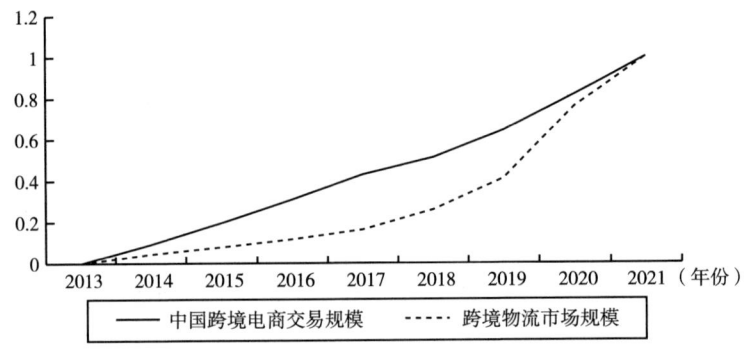

图 6-2 2013～2021 年跨境电商和跨境物流种群密度发展曲线

6.2.2.2 模型假设

由于当前经济处于新常态，加之新冠疫情、国际关系等外部环境的影响，两产业的共生环境具有较大波动。因此，本书在考虑环境容量变化的情况下，借助 Logistic 增长模型研究跨境电商和跨境物流的动态演化过程，并在建模前提出如下假设。

假设 6-1：跨境电商和跨境物流产业的增长受到资源环境和市场需求的限制，当两者种群达到一定规模时，种群规模增长速度将减缓，即存在最大环境容量 K_1 和 K_2。其中，K_1 代表跨境电商最大环境容量，K_2 代表跨境物流最大环境容量。

---

① 数据来源：中国电子商务研究中心。

假设 6-2：跨境电商和跨境物流的种群规模自然增长率 r_1 和 r_2 是由种群固有属性决定的，且在研究期间内种群不发生进化，即 r_1 和 r_2 不变。

假设 6-3：跨境电商和跨境物流的种群规模 P_1 和 P_2 是关于时间 t 的函数，且是连续可微的。

假设 6-4：随着种群规模增加和资源相对减少，种群间的竞争将加剧从而影响种群规模的增长，对种群自然增长率的抑制作用可表示为 $(1 - P_1/K_1)$ 和 $(1 - P_2/K_2)$。

6.2.2.3　模型构建

基于上述假设，跨境电商和跨境物流共生演化模型可表示为：

$$\begin{cases} \dfrac{\mathrm{d}P_1}{\mathrm{d}t} = r_1 P_1 \left(1 - \dfrac{P_1}{K_1^0 + \alpha_2 f(P_2)} \right) \\ \dfrac{\mathrm{d}P_2}{\mathrm{d}t} = r_2 P_2 \left(1 - \dfrac{P_2}{K_2^0 + \alpha_1 f(P_1)} \right) \end{cases} \qquad (6-2)$$

其中，P_1、P_2 分别代表跨境电商和跨境物流种群规模，r_1、r_2 分别代表跨境电商和跨境物流的内禀增长率，K_1^0、K_2^0 分别代表跨境电商和跨境物流初始种群规模，α_1、α_2 分别代表跨境电商和跨境物流对双方的共生作用系数（$\alpha_1 > 0$、$\alpha_2 > 0$）。

但是，如果将跨境电商生态系统放在整体的社会背景下考虑，跨境电商和跨境物流共生中的阻滞作用还应该受到社会制度、资源环境以及市场需求等因素的影响。当上述因素发生变化时，社会对一个产业的最大种群容量往往会发生变化，而这种变化的方向是不确定的。比如，当国家经济发展稳定、国际关系良好时，最大种群容量就会相应扩大；而当社会整体经济处于下行的环境下，最大种群容量则会萎缩。因此，为了使模型更符合实际，本书将环境变化（ΔE）纳入共生演化模型中，从而得到改进后的模型如下：

$$\begin{cases} \dfrac{\mathrm{d}P_1}{\mathrm{d}t} = r_1 P_1 \left(1 - \dfrac{P_1}{K_1^0 + \alpha_2 f(P_2) + \beta_1 f(\Delta E)}\right) \\[4mm] \dfrac{\mathrm{d}P_2}{\mathrm{d}t} = r_2 P_2 \left(1 - \dfrac{P_2}{K_2^0 + \alpha_1 f(P_1) + \beta_2 f(\Delta E)}\right) \end{cases} \quad (6-3)$$

其中，P_1、P_2 分别代表跨境电商和跨境物流种群规模，r_1、r_2 分别代表跨境电商和跨境物流的内禀增长率，K_1^0、K_2^0 分别代表跨境电商和跨境物流初始种群规模，α_1、α_2 分别代表跨境电商和跨境物流对双方的共生作用系数（$\alpha_1 > 0$、$\alpha_2 > 0$），β_1、β_2 分别代表环境变化对跨境电商和跨境物流最大环境容量的影响系数。

6.2.2.4 跨境电商和跨境物流共生发展动力曲线

由式（6-3）可知，跨境电商和跨境物流的产业容量受到产业间共生作业和外部环境变化的影响，因而改进后的环境容量表达式为：

$$\begin{cases} K1 = K_1^0 + \alpha_2 f(P_2) + \beta_1 f(\Delta E) \\[2mm] K2 = K_2^0 + \alpha_1 f(P_1) + \beta_2 f(\Delta E) \end{cases} \quad (6-4)$$

本书借鉴唐强荣等（2009）的处理方法，将时间等分为较小的时间段，而在较小的时间段内种群环境容量受到除行业本身外因素的影响并不明显。因此，在较小的时间区间 $[t_T, t_{T+1}]$ 内，种群环境容量可以通过均值表示。进一步，通过对式（6-3）分离变量求积分可得：

$$\begin{cases} P_{1L}(t) = \dfrac{K_1^{T+1}}{1 + \dfrac{K_1^{T+1} - N_1(t_T)}{N_1(t_T)} \times e^{-r_1 \Delta t}} \\[6mm] P_{2L}(t) = \dfrac{K_2^{T+1}}{1 + \dfrac{K_2^{T+1} - N_2(t_T)}{N_2(t_T)} \times e^{-r_2 \Delta t}} \end{cases} \quad (6-5)$$

其中，为了便于研究，本书假定 Δt 为 1。同时，由式（6-5）可知，在 $[t_T, t_{T+1}]$ 内产业的动力学曲线可以近似看作由连续的若干段 Logisitic 曲线连接而成。但是，考虑到环境变化，如市场需求、国际环境等因素的不确定性，从而导致种群规模具有不确定性，如图 6 - 3 所示。

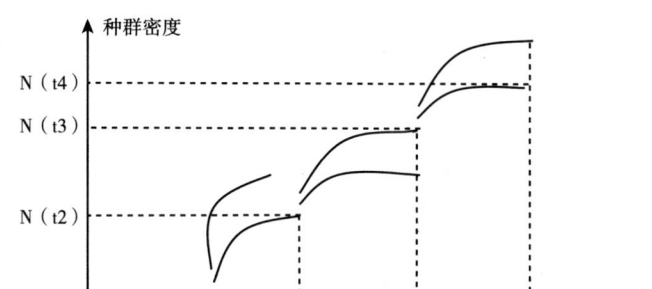

图 6 - 3　共生发展动力曲线

资料来源：王子龙等．企业集群共生演化模型及实证研究［J］．中国管理科学，2006，14（2）：141 - 149．

6.3　跨境电商和跨境物流共生演化实证研究

6.3.1　环境容量估计

根据图 6 - 3 可知，跨境电商和跨境物流种群密度曲线可以由多条 Logisitic 曲线连接得到，而在间隔相邻的时间内，曲线的曲率可以近似看作直线斜率，即 dN_1/dt 可近似等于 ΔN_{if}^{T+1}（$i = 1$，2）。由此，可得种群环境容量迭代公式如下：

$$\begin{cases} K_1^{T+1} = \dfrac{r_1 \, aver \, N_{1f}^{T+1}}{r_1 - \dfrac{\Delta N_{1f}^{T+1}}{aver \, N_{1f}^{T+1}}} \\[3em] K_2^{T+1} = \dfrac{r_2 \, aver \, N_{1f}^{T+1}}{r_2 - \dfrac{\Delta N_{2f}^{T+1}}{aver \, N_{2f}^{T+1}}} \end{cases} \quad (6 - 6)$$

由于跨境电商和跨境物流种群环境容量恒为正值，由此可知 $r_i > \dfrac{\Delta N_{if}^{T+1}}{averN_{if}^{T+1}}$。

进一步，将一个给定的估计值 $r_i'(i=1, 2)$ 代入式（6-6）中，则可得到在各个 $[t_T, t_{T+1}]$ 内的种群容量 $K_i^{T+1'}(i=1, 2)$，继续将此估计值代入式（6-5），则可以得到对应 $[t_T, t_{T+1}]$ 内的种群规模 $P_{1L}^{T+1'}$。对于给定的估计值 $r_i'(i=1, 2)$，本书利用 Matlab R2020b 及遗传算法，对跨境电商和跨境物流种群密度在各个区间的估计值与实际值的平方差减小的方向迭代估计值 r_i'，直到得到最小值。其中，平方差的公式可表示为：

$$\rho = \sum_{T=0}^{n} (P_i^{T+1'} - P_i^{T+1})^2 (i = 1,2) \qquad (6-7)$$

此时的估计值 r_i' 即为种群的自然增长率，然后将其代入式（6-6），就可得到各年度种群的最大环境容量。

根据跨境电商的种群密度数据，通过不断迭代，从而得到跨境电商种群的自然增长率为 $r_1 = 0.4100$ 和各年环境容量（见表6-1）。同上，通过迭代可得出跨境物流种群的自然增长率为 $r_2 = 0.6961$ 和各年环境容量（见表6-2）。

表6-1　　　　　2013~2021 年跨境电商各年种群环境容量　　　单位：亿元

项目	2013 年	2014 年	2015 年	2016 年	2017 年
环境容量	1076250	121233	123000	127124	134052
项目	2018 年	2019 年	2020 年	2021 年	
环境容量	116654	156058	199714	217847	

表6-2　　　　　2013~2021 年跨境物流各年种群环境容量　　　单位：亿元

项目	2013 年	2014 年	2015 年	2016 年	2017 年
环境容量	1785	2453	2972	3549	4240
项目	2018 年	2019 年	2020 年	2021 年	
环境容量	5674	7928	13104	16798	

6.3.2　演化现状仿真分析

从前面的研究中可以看出，跨境电商和跨境物流的共生演进受到共生作用和外部环境的共同影响。具体来说，一方面，跨境电商为跨境物流的生存和发展提供了必要的空间，并不断推动跨境物流行业向专业化、智能化、高效化发展，而跨境物流也通过为跨境电商提供专业的服务，帮助跨境电商提升客户满意度，不断扩大市场，两者相互促进，联系紧密；另一方面，跨境电商和跨境物流在发展过程中也不断受到外部环境因素的影响，如新冠疫情、国际形势等都对两者产生了显著的影响。

为进一步探究两者共生作用对各自种群规模的影响，本书以 2021 年跨境电商和跨境物流的内禀增长率和种群规模作为初始值，同时设定环境容量变化 ΔE 始终为正向发展的一个固定值，且 $\beta_1 = \beta_2 = 0.2$，利用 Matlab R2020b 对两者之间不同共生模式进行演化仿真，仿真期数为 50 期。

6.3.2.1　跨境电商生态系统两主体寄生共生模式

当跨境物流对跨境电商的共生作用系数小于零（-0.2），而跨境电商对跨境物流的共生作用系数大于零（0.2），即 $\alpha_2 < 0$，$\alpha_1 > 0$ 时，跨境电商和跨境物流呈现寄生共生模式。通过对比图 6 - 4、图 6 - 5 可知，在跨境物流形成和发展过程中，跨境物流企业得到来自跨境电商平台的外部资源助力，最终演化规模超过其独立发展时（$\alpha_2 = \alpha_1 = 0$）的最大规模；而对于跨境电商平台企业，由于跨境物流企业对其资源的消耗，最终演化规模低于其独立发展时能够达到的最大规模，如图 6 - 4、图 6 - 5 所示。但是，总体来说双方的发展规模最终都将稳定在一个合适的区间。

这反映出一些跨境物流企业在发展过程中存在对跨境电商平台企业的资源输入过度依赖，导致自身生存和发展能力较弱，创造共生能量能力有限，不利于两产业的协同共生发展。结果分析，本书认为原因有两点：（1）跨境物流企业自身在发展初期缺乏业务创新能力，自主吸引外部资源

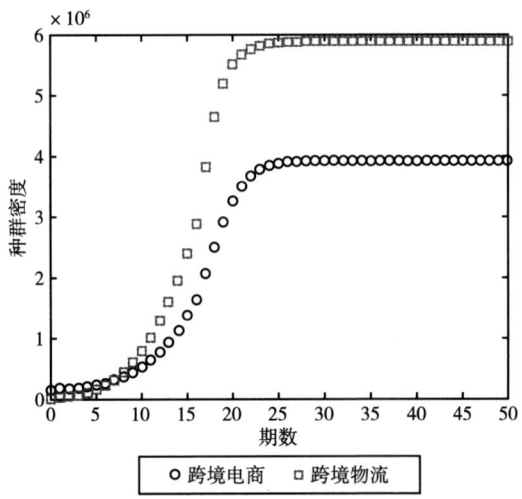

图6-4 跨境电商和跨境物流寄生共生模式

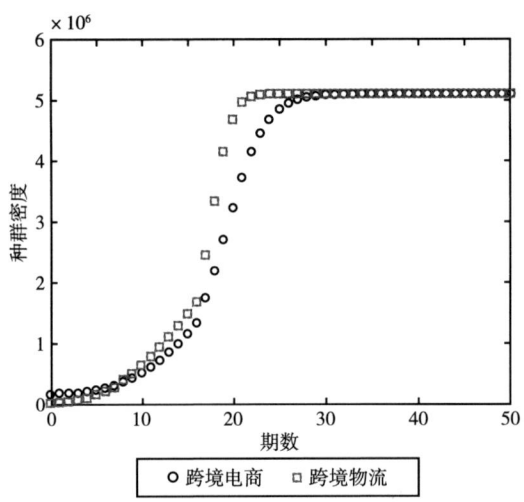

图6-5 跨境电商和跨境物流独立共生模式

流入的能力不足,尽管被寄生企业能够对其提供一定的帮助,但无法从根本上改变跨境物流企业业务发展的现状;(2)部分由平台企业设立的跨境物流企业易产生"搭便车"的心理,再加上行业发展初期拓展业务艰难,导致跨境电商企业业务创新的动力不足。

6.3.2.2 跨境电商生态系统两主体偏利共生模式

图6-6、图6-7展示了跨境电商平台企业和跨境物流企业的偏利共生模式。其中，图6-6中，跨境电商平台企业对跨境物流企业的共生作用系数大于零（$\alpha_1 = 0.2$），而跨境物流企业对跨境电商平台企业的共生系数等于零（$\alpha_2 = 0$）。具体而言，在跨境电商生态系统中，跨境电商平台企业对跨境物流企业具有正向促进作用，而跨境物流企业对跨境电商平台企业不具有共生作用；图6-7则相反，即$\alpha_1 = 0$且$\alpha_2 = 0.2$，跨境物流企业独立成长，而跨境电商平台企业通过将物流业务分包给跨境物流企业，从而获得成本上的优势，而相较于图6-6（$\alpha_2 = \alpha_1 = 0$），种群密度进一步扩大。但总体而言，不管是哪一方收益，双方的共生发展规模都不低于独立发展时的规模。

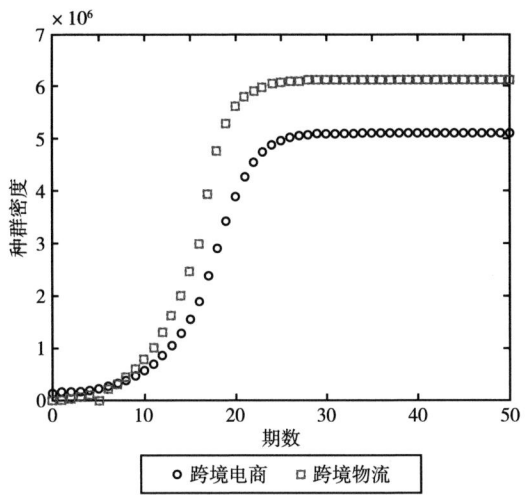

图6-6 6a 跨境物流受益

但是从长远角度看，对于图6-6所反映的偏利共生模式会对跨境电商生态系统发展具有不利影响。本书认为可能的原因是，跨境电商平台企业和跨境物流企业间并没有形成合理的利益分配机制，从而使双方的合作关系不稳定，难以形成长期的互惠共生关系。具体而言，当跨境电商平台企业独立发展时，跨境电商平台企业不断创造价值，使得跨境物流企业能

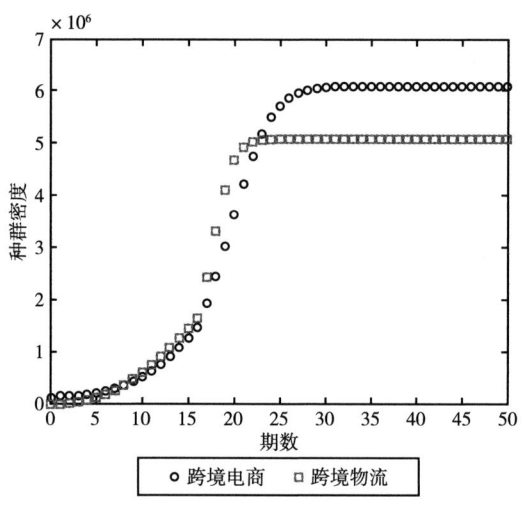

图 6 - 7　6b 跨境电商受益

够从中获利，壮大自身规模，而跨境电商平台企业却没有获得合理的收益份额，使得跨境电商平台企业缺乏足够的合作动力；而在跨境物流企业独立发展的情况下，一方面，跨境物流企业由于上述原因缺乏合作动力，双方难以达成互惠共生的合作愿景，另一方面，跨境物流企业在发展初期由于缺乏足够的资源致使其发展缓慢，难以达到跨境电商平台企业的业务需求。

6.3.2.3　跨境电商生态系统两主体互惠共生模式

图 6 - 8、图 6 - 9 为跨境电商和跨境物流互惠共生模式下的共生演进情况，其中图 6 - 8 为两主体对称性互惠共生（$\alpha_2 = 0.4$，$\alpha_1 = 0.4$），图 6 - 9 为两主体非对称性互惠共生（$\alpha_2 = 0.4$，$\alpha_1 = 0.2$）。在这两种共生模式下，跨境电商和跨境物流种群密度演进最终都远大于在独立发展情况下的发展规模。总体来说，跨境电商平台企业和跨境物流企业在互惠共生发展模式下，通过合理的责任负担和利益共享，利用各自企业资源和专业优势，实现了产业间健康合理的协同共生，创造了产业协同的新价值。就目前而言，我国跨境电商和跨境物流正处于非对称性互惠共生模式。

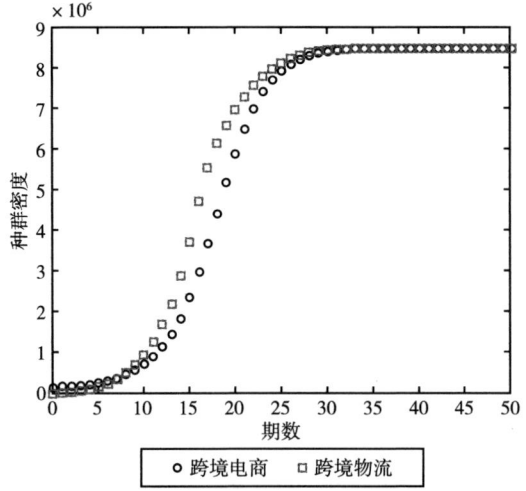

图 6 – 8　7a 跨境电商和跨境物流对称性互惠共生模式

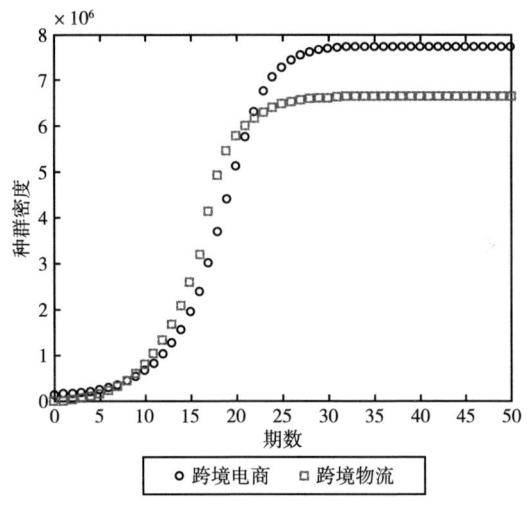

图 6 – 9　7b 跨境电商和跨境物流非对称性互惠共生模式

综上所述，跨境电商和跨境物流两产业间的共生系数决定了双方不同的共生模式，其中寄生共生模式表现为跨境物流企业对外部资源的过度依赖问题，偏利共生模式展现了双方在协同努力上存在动力不足的问题，而跨境电商和跨境物流最佳发展方向则是互惠共生模式。因此，双方应尽可能地避免寄生共生模式和偏利共生模式，努力寻求双方利益的均衡点，从而促进双方的共同发展。

6.4 主要结论与建议

本书基于共生理论视角，以 Logistic 增长模型为基础，构建了受共生作用和共生环境双重影响的跨境电商和跨境物流的共生演化模型，并运用数值仿真模拟了跨境电商和跨境物流不同共生模式下双方的产业发展情况，探究了共生作用和共生环境双重作用下跨境电商和跨境物流的演化路径。

研究的主要结论如下：（1）根据 Logistic 增长模型，通过变量分解得到种群规模和种群容量的迭代公式，经过估计发现，虽然跨境物流种群规模处于发展初期，远小于跨境电商种群规模，但跨境物流发展潜力巨大，致使其种群自然增长率明显大于跨境电商，跨境物流种群环境容量增长速度远大于跨境电商。（2）当双方处于寄生共生模式下，寄生者明显受益而被寄生者发展受到抑制，反映出寄生者对外部资源过度依赖，自身生存和发展能力薄弱，创造共生能量能力有限；而在偏利共生模式下，较寄生模式下双方种群发展有了较大改善，但仍存在一方合作动力不足的问题，因此不利于两者的长期发展。（3）跨境电商和跨境物流发展非对称性互惠共生模式下，由于资源获取能力存在差异致使发展略有失衡，稳定性较弱，而在对称性互惠共生模式下双方同时达到最大种群规模，是两者间最优的共生发展模式。

基于上述结论，本书提出如下建议：一是建立公平合理的利益分配体系。合理的利益分配体系是企业主体间稳定合作的重要保证。因此，为进一步保证企业间合作的稳定性，需建立公平合理的利益分配体系。可在生态系统中加入独立评价机构来核算企业间为生态体系所作出的贡献和承担的成本，确定合理的利益分配方式，从而帮助建立协同共赢、互惠共生的生态系统。二是建立诚信透明的共生环境。由于信息不对称、委托代理问题等因素，在合作中存在一方出于自身利益损害合作方利益的行为。为建立诚信透明的共生环境，减少信息不对称等弊端，双方应建立公正的独立监督机构，努力遏制道德风险的发生，维护跨境电商生态系统稳定发展。三是发挥跨境电商平台和跨境物流各自的优势。具体而言，跨境电商平台企业要发挥主体优势，利用自身平台企业的优势和利用互联网信息技术，建立多方信息共享机制，加强生态系统内各主体间的合作；跨境物流企业可以依据市场和业务需求，通过提高对物流基础设施的投资，比如搭建海外专线，建立海外仓等，同时完善自身的物流服务流程，在建立成本优势的同时提高服务质量。

| 第7章 |

本书的主要研究结论

本书研究立足于不同的视角分别进行了实证研究，从跨境电商运营环境、跨境电商平台、跨境电商报关、跨境电商支付、跨境电商物流等方面研究跨境电商企业成功的运营模式。

总结以上的研究过程和各个子课题的研究结论，对基于农产品的跨境电商企业运营提出以下建议。

第一，对于跨境电商创业企业，从跨境电商平台开始经营比较有利，可以利用平台已有的商业模式和各种促销策略。要明确以下三点：（1）充分利用跨境电商平台产品周转速度快的特点，质量好的产品流转更快，销售增长率也快；（2）注重跨境电商平台的报关速度，报关速度和交易成本相关，报关速度越快，各种相关费用降低，可以大大减少交易成本；（3）跨境电商平台提供仓储服务，仓储成本和物流成本正相关，通常仓储成本较高，会增加跨境电商企业物流成本。

第二，跨境电商企业应该与跨境电商平台合作，加强对专利的保护，避免侵权，同时打击盗版行为，如果这些方面执行不利，会增加跨境电商企业的运营成本。（1）跨境电商平台通常提供便捷的电子支付，同时兼容第三方支付，这些都会给跨境电商企业带来便利；（2）很多跨境电商平台与跨境电商企业进行利润分成，跨境电商平台的抽成比例与销售增长率、市场份额呈现显著的正相关关系，所以跨境电商企业应该研究各种跨境电商平台的政策，确保经营利润；（3）在结汇方式方面，跨境电商平台的结汇方式多样、简便，跨境电商企业应该充分利用这些方式，提高结汇效率；（4）跨境电商平台通常提供跨境客户的需求信息，共享客户信息，解决双方信息不对称问题，可以帮助跨境电商企业在不同的国家开拓市场；（5）跨境电商平台可以帮助跨境电商企业开拓国外新市场，推荐新产品，营销成本与交易成本都较低；（6）跨境电商平台提供免费翻译，特别是针对小语种的产品翻译，可以更加便捷地到达目标市场，显著降低交易成本和经营费用；（7）跨境电商平台流量分配对企业的公平性、有效性与平均利润有显著影响，并且是正向影响，因此跨境电商企业要充分利用跨境电商平台引流；（8）跨境电商平台降低了客户对企业产品的搜索成本和交易成本，这对初创的跨境电商企业是非常有利的。

第三，跨境电商企业要充分利用跨境供应链，构建全球供应链系统。（1）全球供应链系统，在供需不可预测时，可以迅速变换行动方向，或调整行动策略，这方面的能力可以降低物流成本，提高供应链效率；（2）供应链系统杰出的物流能力可以随着市场需求和环境变化迅速调整，满足突发需求与销售增长带来的产品需求；（3）全球供应链在外界变动的干扰下，能及时可靠地交付产品，物流服务能力较强；（4）全球供应链面对外部市场变化，能及时准确地推出更适合需求的产品或服务，快速加大销售增长率，提高市场份额。

第四，跨境电商企业面临的环境因素对跨境电商经营影响较大，包括内外部环境。（1）新技术的出现导致行业竞争位势的波动，跨境电商企业要充分利用跨境新技术，比如跨境购物代理 App，提高企业的利润；（2）新竞争者的进入，带来新的竞争行为，因此要提高自己的竞争能力，提高跨境企业自身的盈利能力；（3）自然环境和社会环境的不确定性与销售增长率有显著的负相关关系；（4）跨境电商企业要有完善的 IT 基础设备，包括办公所需的硬件和客户管理系统，有助于提高跨境企业的运营效率；（5）及时对企业进行评估、吸收并应用从外部获得的新知识，能够筛选出有用的互联网信息，进行资源整合，同时解决实际问题，提高利用信息的能力；（6）跨境企业内部安装先进的 IT 系统，能使用 IT 系统进行订单处理、货品计价、结算、装货、配送信息处理、仓库理货和库存管理；（7）企业使用 IT 系统，集成 CRM 系统，收集顾客和市场信息，分析产品销售趋势和顾客喜好，进行新产品规划，加强与经销商的联系、沟通，发现产品质量和顾客服务方面的问题，并加以改进；同时与经销商进行产品协同定价，开展促销活动，获取产品的市场销售信息，协调不同产品的库存；（8）跨境企业利用 IT 系统集成能力进行新产品和新服务开发，不断提高市场份额；（9）跨境企业使用 IT 系统集成能力对跨境交易过程进行管理，不断扩大市场份额；（10）跨境企业使用先进的统计工具分析数据，进行仿真与优化处理等，从多个来源收集数据进行数据分析，形成公司报告、推文等，同时使用数据可视化技术帮助决策者理解从大数据中提取的复杂信息从而做出正确的跨境经营决策。

第五，对出口跨境电商来讲，在指定跨境电商商业模式时要整体考虑政策因素、市场因素、品牌因素、物流因素、支付因素，以及跨境电商人才的招聘、培养和任用。其中，政策、人才两个因素影响程度比较大，要特别予以重视。

立足于跨境电商企业的具体实施措施，跨境电商企业应该做到以下方面。

（1）重视先进技术的运用，先进技术的运用能够减少人力、物力成本，带给客户更加真实、便捷的体验，从而提升客户满意度。

（2）重视客户需求，以客户需求为导向，并且注重竞争对手在客户推广方面采取的一些措施，及时制定反制措施。

（3）注意顺应市场潮流和行业动向，从政策颁布、行业报告、股份市场等方面预测市场动态，从而作出针对性的商品出售。

（4）改进自身企业的产品供应链，跨境电商业务比较注重供应链的敏捷度和市场反应度，企业需要在这方面加大改进力度。

（5）跨境电商平台的结汇方式也对企业绩效产生重要影响，多样的结汇方式也会让企业获得更多的订单。

（6）实现企业技术及发展模式的变革。通过不断增强跨境电商平台的功能和作用，逐步构建企业的核心竞争力。

（7）强化国外市场调研。跨境电子商务交易对象遍布全球，由于各国经济、政治、法律不同，人们的消费习惯、爱好、文化习俗等方面也存在着差异，因此做好充分的市场调研十分重要。

（8）跨境电商公司目前对于目标市场的细分做得并不完善，特别是在多国市场，国家众多，宗教背景、文化、政治环境各不相同，所以一个完善的市场划分可以大大节省不必要的营销成本，避免无效的营销计划，实现市场营销的效率最大化。

（9）政策因素、市场因素、品牌因素、物流因素、支付因素、人才因素对跨境电商出口发展的影响程度都很接近，其中，政策、人才两个因素影响程度比较大。所以在跨境电商的发展过程中，要特别重视政策和人才两大因素。

①公司的工作人员多以英语为主要交流方式，英语在一定程度上也可以满足大多数的海外电商贸易过程中的交流所需。但是随着目前公司贸易对象的逐步拓展，为了消除在贸易过程中可能造成交流不通畅或者意思表达不到位等问题，公司对于各国小语种人才的需求也愈发凸显，所以应当在未来的人才招聘和内部培养中，更多地培养多语言技术人才，从而应对公司扩张所带来的需求。

②人才是公司发展壮大的重要基石，在人才培养方面，必须大力发展企业培养和社区招募相结合的模式，并进一步拓展人才招募途径。另外，公司还须重视在企业内部对相关人员进行特定的培训，建立健全适应企业发展的人才开发制度，总结并推出一些非常完善的企业人才资源管理模型，更好地满足公司跨境电商业务对人才的需求。

（10）对于跨境物流的发展，对于各个跨境物流企业来讲，需要做到以下三点。

①建立公平合理的利益分配体系。合理的利益分配体系是企业主体间稳定合作的重要保证。因此，为进一步保证企业间合作的稳定性，需建立公平合理的利益分配体系。可在生态系统中加入独立评价机构来核算企业间为生态体系所作出的贡献和承担的成本，确定合理的利益分配方式，从而帮助建立协同共赢、互惠共生的生态系统。

②建立诚信透明的共生环境。由于信息不对称、委托代理问题等因

素，在合作中存在一方出于自身利益而损害合作方利益的行为。为建立诚信透明的共生环境，减少信息不对称等弊端，双方应建立公正的独立监督机构，努力遏制道德风险的发生，维护跨境电商生态系统稳定发展。

③发挥跨境电商平台和跨境物流各自的优势。具体而言，跨境电商平台企业要发挥主体优势，利用自身平台企业的优势和利用互联网信息技术，建立多方信息共享机制，加强生态系统内各主体间的合作；跨境物流企业可以依据市场和业务需求，通过提高对物流基础设施的投资，比如搭建海外专线、建立海外仓等，同时完善自身的物流服务流程，在建立成本优势的同时提高服务质量。

（11）多数农产品跨境电商公司目前营销转换率低，导致营销成本并不能很好地转化为盈利，所以急需根据公司实际情况来提高公司的营销转化率。首先，公司电商平台客服机制需要改善，需要在平台内置信息交互系统，降低消费者与客服沟通的学习成本。并且除了微信以外，公司应当培训客服使用更适合当地人习惯的通信服务软件，对于有长期购买需求的消费者，要从消费者的角度出发，根据消费者需求使用通信服务软件。其次，需要为公司电商平台主页列表增加过滤和排序功能，进而通过过滤项目，使消费者可以更容易地找到满足他们需求的选择。

参考文献

［1］孟祥铭，王俊杰．我国自贸区跨境电商研究现状综述及问题分析［J］．沈阳工业大学学报（社会科学版），2018（3）：208－212．

［2］费楚涵，刘家慧，李欣悦．我国跨境电商发展研究综述［J］．价值工程，2019（24）：291－293．

［3］曾庆菊．跨境电商物流研究综述［J］．科技经济市场，2019（10）：27－29．

［4］胡雷芳．跨境电商创新创业型人才培养研究综述［J］．电子商务，2017（2）：58－59．

［5］来有为，王开前．中国跨境电子商务发展形态、障碍性因素及其下一步［J］．改革，2014（5）：68－74．

［6］向磊．我国跨境电商发展的路径选择——基于国外跨境电商发展的经验［J］．商业经济研究，2016（14）：57－58．

［7］张悦．经济新常态背景下跨境电子商务发展探析［J］．商业经济研究，2018（7）：69－72．

［8］杜志平，贡祥林．国内外跨境物流联盟运作机制研究现状［J］．中国流通经济，2018（2）：37－49．

［9］廖蓁，王明宇．跨境电商现状分析及趋势探讨［J］．电子商务，2014（2）：320－321．

［10］何继新．跨境电子商务供应链模式创新：属性特征、关系模型

及前提条件 [J]. 中国流通经济, 2017, 31 (3): 52 - 61.

[11] 冀芳, 张夏恒. 跨境电子商务物流模式创新与发展趋势 [J]. 中国流通经济, 2015, 29 (6): 14 - 20.

[12] 许应楠. 我国跨境电子商务发展现状及政策创新研究 [J]. 情报探索, 2017 (2): 85 - 89.

[13] 赵志田, 杨坚争. 产业创新系统理论下中国跨境电子商务发展研究 [J]. 中国发展, 2014, 14 (2): 25 - 30.

[14] 张娜娜, 谢伟. 中国电子商务模式创新的合法化机制——基于淘宝网的案例研究 [J]. 科学学与科学技术管理, 2014, 35 (10): 133 - 141.

[15] 方灿, 杭言勇. 我国跨境电商平台的运营模式探讨 [J]. 时代金融, 2015 (32): 311.

[16] 郑春芳, 张艳秋. 中国跨境电商出口影响因素及潜力研究 [J]. 中国社会科学院研究生院学报, 2021 (4): 63 - 72.

[17] 张伟年, 卢晓静, 李孟华. 中国跨境电商发展的影响因素研究 [J]. 海南大学学报 (人文社会科学版), 2019, 37 (3): 57 - 63.

[18] 张晚冰. 影响我国跨境电商零售出口的政策因素分析 [J]. 全国流通经济, 2021 (17): 38 - 40.

[19] 李硕, 宋洋. 我国跨境电商发展影响因素研究综述 [J]. 改革与开放, 2022 (16): 1 - 6, 21.

[20] 程中海, 王小月. 中国跨境电商出口贸易便利化影响因素研究 [J]. 商业经济研究, 2020 (5): 139 - 143.

[21] 朱鹏羽. 双循环视角下我国跨境电商发展的影响因素分析——兼论进口与出口的差异性 [J]. 商业经济研究, 2022 (3): 153 - 157.

[22] 张夏恒, 马天山. 中国跨境电子商务物流困境及对策建议 [J]. 当代经济管理, 2015 (5): 41 - 45.

[23] 鞠雪楠, 赵宣凯, 孙宝文. 跨境电商平台克服了哪些贸易成本?——来自"敦煌网"数据的经验证据 [J]. 经济研究, 2020, 55 (2): 181 - 196.

[24] 马述忠, 房超. 跨境电商与中国出口新增长——基于信息成本

和规模经济的双重视角 [J]. 经济研究, 2021, 56 (6): 159 – 176.

[25] 张洪胜, 潘钢健. 跨境电子商务与双边贸易成本: 基于跨境电商政策的经验研究 [J]. 经济研究, 2021, 56 (9): 141 – 157.

[26] 张夏恒. 全球价值链视角下跨境电商与跨境物流协同的内生机理与发展路径 [J]. 当代经济管理, 2018, 40 (8): 14 – 18.

[27] 曹武军, 闫梦娜, 薛朝改. 论基于演化博弈的跨境电商生态系统稳定性 [J]. 财会月刊, 2019 (23): 145 – 152.

[28] 李芳, 杨丽华, 梁含悦. 我国跨境电商与产业集群协同发展的机理与路径研究 [J]. 国际贸易问题, 2019 (2): 68 – 82.

[29] 张夏恒. 京东: 构建跨境电商生态系统 [J]. 企业管理, 2016 (11): 102 – 104.

[30] 曹武军, 闫梦娜, 薛朝改. 物流企业主导型跨境电商生态系统的构建——多案例研究 [J]. 科技管理研究, 2019, 39 (16): 212 – 222.

[31] 吴敏. "互联网 +" 视域下跨境电商生态圈构建思路探析 [J]. 商业经济研究, 2015 (34): 75 – 76.

[32] 曹武军, 闫梦娜, 薛朝改. 论基于演化博弈的跨境电商生态系统稳定性 [J]. 财会月刊, 2019 (23): 145 – 152.

[33] 张晓东. 基于生态位视角的跨境电商产业竞争力实证研究 [J]. 国际商务研究, 2022, 13 (1): 26 – 36.

[34] Thomas Van Asch, Wouter Dewulf, Franziska Kupfer, Ivan Cardenas, Eddy Van de Voorde. Cross-border e-commerce logistics—Strategic success factors for airports [J]. Research in Transportation Economics, 2020 (79): 82 – 92.

[35] Ying Wang, Fu Jia, Tobias Schoenherr, Yu Gong and Lujie Chen. Cross-border e-commerce firms as supply chain integrators: The management of three flows [J]. Industrial Marketing Management, 2020 (89): 72 – 88.

[36] 刘江伟. 跨境电商生态系统协同演化研究 [D]. 长春: 长春工业大学, 2018.

[37] 李春发, 冯立攀, 韩芳旭, 程云龙. 电子商务生态系统的动态

演化博弈分析［J］. 系统科学学报, 2015, 23（4）：75 – 78.

［38］ Soonchan Park. Quality of transport infrastructure and logistics as source of comparative advantage［J］. Transport Policy, 2020（99）：54 – 62.

［39］ Gomez-Herrera, E., Martens, B., Turlea, G. The Drivers and Impediments for Cross-border E-commerce in the EU［J］. Information Economics and Policy, 2014, 28（1）.

［40］ 杜志平, 付帅帅, 穆东, 王丹丹. 基于4PL的跨境电商物流联盟多方行为博弈研究［J］. 中国管理科学, 2020, 28（8）：104 – 113.

［41］ 林子青. 跨境电商与跨境物流协同下的供应链生态模式及评价［J］. 商业经济研究, 2020（2）：152 – 155.

［42］ 王逸文. 博弈论视角下中俄跨境电商与跨境物流协同发展研究［J］. 物流工程与管理, 2020, 42（6）：15 – 17, 28.

［43］ 卓海弟. 跨境电商平台与跨境物流企业协同发展研究［D］. 南昌：南昌大学, 2021.

［44］ 钱慧敏, 何江. 基于扎根理论模型的跨境电商与跨境物流协同影响因素分析［J］. 产经评论, 2017, 8（6）：110 – 122.

［45］ 张赫楠, 许正良. 跨境电子商务生态系统构架及演进研究［J］. 社会科学, 2020（2）：28 – 39.

［46］ Moore J F. The evolution of wal-wart：Sawy expansion and leadership［J］. Harvard Business Review, 1993, 71（3）：82 – 83.

［47］ 莫尔. 竞争的衰亡：商业生态系统时代的领导与战略［M］. 梁骏, 杨飞雪, 李丽娜, 译. 北京：北京出版社, 1999：5 – 6.

［48］ 张夏恒, 郭海玲. 跨境电商与跨境物流协同：机理与路径［J］. 中国流通经济, 2016, 30（11）：83 – 92.

［49］ 唐强荣, 徐学军, 何自力. 生产性服务业与制造业共生发展模型及实证研究［J］. 南开管理评论, 2009, 12（3）：20 – 26.

［50］ Iansiti M, Levien R. Strategy as ecology［J］. Harvard Business Review, 2004, 82（3）：68 – 81.

［51］ Autio E, Thomas L D W. Innovation ecosystems：Implications for innovation management [M]. The Oxford Handbook of Innovation Management, 2014.

[52] Ander R. Match your innovation strategy to your innovation ecosystem [J]. Sustainability, 2006, 84 (4): 98.

[53] Jackson D J. What is an innovation ecosystem [R]. Arlington: National Science Foundation, 2011.

[54] Luoma-Aho V, Halonen S. Intangibles and innovation: The role of communication in the innovation ecosystem [J]. Innovation Journalism, 2010, 7 (2): 1 –20.

[55] Peltoniemi M. Preliminary theoretical framework for the study of business ecosystem [J]. Emergence: Complexity & Organization, 2006, 8 (1): 10 –18.

[56] Zahra S, Nambisan S. Entrepreneurship and strategic thinking in business ecosystems [J]. Business Horizons, 2012, 55 (3): 212 –219.

[57] Kim K, et al. The healthiness of business ecosystem and its effect on SMEs performance [R]. International Council for Small Business (ICSB), 2010: 1 –17.

[58] Garnsey E, Leong Y. Combining resource and evolutionary theory to explain the genesis of bio-networks [J]. Industry and Innovation, 2008, 15 (6): 669 –686.